「帝王学」を
みかたにつける
超☆開運法

Nami Yoshikawa
佳川奈未

Nature imparts all that is essential in life.

ビジネス社

恩恵あふれる「必読お願いのまえがき」

〝順風満帆を生きている人は、「天の摂理」に乗っている!〟

…天の教え満載の「帝王学」をみかたに、
超☆開運するために

本書は、あなたの運をひらき、道をひらき、うまくいく人生をひらき、順風満帆な流れに入っていくエッセンス満載の「帝王学」＝〝易経《えききょう》〟の教えをみかたにつけ、超☆開運するためのものです。

ちなみに〝易経〟というのは、中国の四書五経のうちのひとつであり、〝最古の帝王学〟であるという大もとの素晴らしい経典!

そこには、「天の摂理」（大自然の働き・天が与える時の働き・他力や天徳が降り注ぐ秘密）や、「地の摂理」（環境や状況や立場の生かし方・収穫の原理・成功の原理）、「人の摂理」（人としての正しい生き方）が説かれています。

その経典は、孔子を含む偉大な「聖人賢者」たちによって長い年月をかけてつくられたとされているわけですが、その「聖人賢者」とは、いったい、どんな人なのか？

ズバリ、それは、〝人生のあらゆる艱難辛苦《かんなんしんく》を乗り越えたにもかかわらず、自らを腐らせることなく、立派に自己を磨き高め成長させ、偉大な人物になった人！しかも、偉大な人になったにもかかわらず、偉そうにすることなく、老若男女誰にでも優しく親切で、人間としてあたたかい慈愛に満ちており、高まってもなお頭《こうべ》をたれるような謙虚さと感謝に満ちた「人間のお手本」とされるような素晴らしい存在の人〟です！

その教えは、昔は、王様教育（王様の子どもの人格教育・人生教育・帝王としての教育）に、用いられていたといいます。

のちに、それが世に広がり、「成功哲学」ともなり、現在では多くの成功者、偉人、著名人、スポーツ選手、経営者、リーダー、人の上に立つ人たちなどに、学ばれ活用されている素晴らしい「トップのための生き方の教科書」となっているわけです！

それはまさに、〝人生成功の書〟であり、〝運命の書〟!! そこにある生き方の智慧《ちえ》を、知っているのと知らないのとでは、人生に雲泥の差が出るくらい、かけがえのないものです。

今回、わたしが、「帝王学」＝易経をもとに、開運本を書こうとしたのには理由があります。それは、「小手先ではなく、人生が根本からガラッと一変し、幸福繁栄する、飛躍成功するもの」を世に出したかったからです。

そもそも、ちょこちょこといいことがあったとて、すぐに人生が落ち込むというのなら、本当に運が良くなったとはいえないわけです。

本当の開運とは、物の考え方がより良く変わり、生き方が良質になることではないでしょうか。

そのおかげで、運が底上げされ、人生のレベルがぐんと高まり良質になり、日常に満足感や安心感があり、何も特別なことがなくとも、生きているだけで幸せ♪という感覚が長く続く状態なのではないでしょうか。

また今年は、わたし自身、作家デビュー20周年を迎える大切な年だからこそ、自分の中に大切に抱えていた「帝王学」＝易経の教えによって、どれほど大切な気づきを得られ、助けられたか、どれほど素晴らしい恩恵を運から、人さまから、天からいただいたかと、いまさらながら感動しているからです。

それゆえ、この宝物の教えを、ぜひファンや読者や世の中のみなさまに、わが子に、伝えたい!!と。

しかも、昨今の世の中の流れには、とても暗いもの、いやなもの、怖いもの、危険なものなど、世の危機を感じたからです。その世の中の危機の中にある〝人間の質の危機〟をも強く感じたからです。

戦争や殺人、伝染病、化学物質の弊害や、食への信頼が失われていること、人の心の病、人とのつながりの欠如、もっとも安心すべき親子関係や家族同士の狂い、人としてのあり方が、とてもおかしくなってしまった人たちの危機感など、よからぬ変化に怖さを痛感せずにはいられなかったからです。

世の中というのは、いつも人がつくっているものです。

人間ひとりひとりが、どうあるのかで、世の中の状態はいいも悪いも変わってくるからこそ、まず人としてどうあるべきかを、ちゃんと考えなくてはならないのです。

つまり、それは「貞《ただ》しき心」で生きるということに他なりませんが。

さて、わたし自身、これまでの長い人生の中では、どん底や厳しい状態、震災や大病も経験したことがあります。しかし、どんな中からでも再び復活できたのは、易経の教え＝「帝王学」にふれるのをやめなかったからでしょう！

運をひらく、道をひらくとは、まず自分の心をひらくことからしか始まりません。

というわけで、人が貞しく生き、幸せに豊かに成功するための大切なエッセンス満載の「帝王学」＝易経の教え、そう、本来、抽象的な表現が多く、難解とされているものではありますが、それをむずかしくせず、ざっくりかんたんに親しんでもらえたらいいなぁと、開運本にしてみました。

運をひらくために、道をひらくために、より良く生きるために、ひととき心をひらいていただけると幸いです。

ちなみに、本書のタイトルに超☆開運というように、「超」という言葉をつけたのは、「帝王学」の智慧をみかたに自らの生き方が変わると、自分自身も人生も運命も、ガラッと一変するほど、強力なパワーを持っている教えだからです！

もちろん、その結果は、その「智慧」をみかたにつけてきた年月が与えてくれるわけですが、本書を手にとったみなさまには、「ここからの人生を、お楽しみに♪」といわずにはいられません。

きっと、そのとき、あなたは、自分の人生がみちがえるほど良くなり、大きく運がひらき、人生がぐんと底上げされた、素晴らしい現実に驚くことになるでしょう!

2024年　1月

ミラクルハッピー　佳川《よしかわ》　奈未《なみ》

もくじ

「帝王学」をみかたにつける

超☆開運法

第1章

自分をひらく☆天とつながる生き方

陰で自分を磨く努力を惜しまぬ人こそ、表の世界で光をあびる人

第2章

道をひらく☆摂理を通して、望みを叶える

夢や願いを叶える！　成功する！
そのために、いかにすべきかを心得る

第3章

富の宝庫をひらく☆豊かさ・繁栄・ご加護を得る

第4章

運をひらく☆逆境を乗り越え、復活するために

つらいときこそ、希望のとき！
そのとき、すべき大切なこととは⁉

第5章

天の扉をひらく☆救いと恵みの秘密

ここからどんどん良くなる！
新しい人生へとうまくシフトする！

第1章

自分をひらく☆天とつながる生き方

陰で自分を磨く努力を惜しまぬ人こそ、
表の世界で光をあびる人

『自分という土壌を耕す』

土壌が良質であるほど良いものが収穫できるのは、当然の摂理！

あなたが、ここから、素晴らしい実りある人生を叶えたい！　というのなら、まずは、自分の土壌を耕し、整え、良質なものにすることです。そうすることなしに、いまより実りある人生は、始まらないからです。

また、とくに何も望んでいないとしても、荒れ放題になっているよりは、自分という土壌は整え、良質にしておくほうが、生きやすくなるというもの。

さて、〝自分の土壌〟とは何か？　それは、あなたという人間を支えている「内面」のことです。そこからすべてのものが育まれます！　それゆえ、もっとも重要なのです！

自分の土壌を耕し、良質なものにするためには、自分の内面を、掘って、掘って、掘り下げなさい！　と、「帝王学」＝易経は伝えています。そこに、宝物が潜んでいるからです！

自分自身にとっての、自分の運命にとっての本当に価値ある大切なものは、いつでも、外側ではなく、内側で見つかるのです！

内面を深く、深く、掘り下げていくことで、いろんなものが見えます。いいものも、そうでないものも。そしていろんなことに気づきます。たとえば、そこに不本意なものや、自分を弱らせたり傷つけたりする考え、ネガティブな感情、悪い思い込み、否定的なものなど、〝自分を良くすることにはならないであろう〟ものがあったなら、いっそ、その場で、捨ててしまうことです。

そういったものがあるままでは、土壌は改良しにくいからです。

では、どうやったら捨てられるのか？　答えは、「もう、いらない！」と、あなたがそう思うだけでいいのです。それで、捨てられます！

そういった余計なものを捨て、さらに、自分の内面を深く深く掘り進めていくと、ピュアで美しいものや、大切なものを見い出すことになります。

たとえば、ひそかな願いや素敵な夢、高い目標や崇高な志、この世で成し遂げたい！と思っていることなど。

ときには、意外な宝物や、これまで見つけられなかった新たな考えや発想やアイデア、ずっと求めていたものに対する答え、なども！

そのときあなたは、こう知ることになるでしょう。

自分はまだまだ捨てたものではない！立派な土壌であったのだと！

するとそこから心境が変わり、より高い意識になり、「よし、やるぞ！」という意欲がわき、「ああしたい！」「こうしたい！」「これを叶えるぞ！」と、願いや夢や目標を目いっぱいつかむことになります。

これは、いったい何を意味しているのかというと、この人生にひと花咲かせるきっかけ、成功するきっかけ、ここから価値あるものを収穫するきっかけとなる〝蒔《ま》ける種〟がつかめるということです！

その、あなたという土壌の内側に埋もれていた素晴らしい種をどんどん育むことで、それが、地表に出るチャンスを得るのです！

種をより良く育むためには、土壌に、ときどき良い肥料を与えることです！

たとえば、見い出したものに対する、うれしい、楽しい、幸せ、というようなよろこびの感情やわくわく感。それは、良いエネルギーであり、とても良い肥料になります！

土壌の成長（心の成長）に役立つような良書を読んだり、良い映画を観たり、いい音楽を聴いたりして、感動を取り込むことも大切です。美しい花や絵画を見たり、心や体を癒《いや》し高めるような旅をしたり、素敵なことにチャレンジするのもいいでしょう。

また、人と会って話したり、自分より成功している人のためになる話に素直に耳を傾けたり、セミナーや講座に参加したり。

知りたいことがあったら自発的に調べ、学びたいことがあったらしっかり学び、すべきことがあるなら、率先してそうするのです！

そういったことが、あなたに栄養を与え、大きく肥やす（成長させる）ものになるからです！

ちなみに、自分という土壌が、自分自身に見向きもされず、手入れもされず、荒れ放題になっていたとしたら、いったい、どうなるでしょうか？ そこからどんな夢の種を見つけ、育むことができるでしょうか？

たとえば、収穫を得るのがうまい農家の人は、いい収穫物を得るために、その種を蒔く前に、前もって土壌を耕し、整え、良質なものにするものです。

それを省いて、種を蒔く人はいません。土壌が悪いなら、どんな種も育たず、不作となり、収穫は見こめないからです。

土壌を良質なものにするとはどういうことかというと、農家の人のように、「土を掘り返して、柔らかくして、肥料をまき、最良の状態に整える！」ということです。

つまり、心を柔らかく、素直なものに、優しいものにするということです。また、深く掘り下げて物事を考え、思慮深い人でいるようにするということです！

また、自分をベストコンディションにしておき、どんなことにも対応できる柔軟さを持っておくということです！

そして、月日という時間、そう、収穫まで持ちこたえる忍耐力を持っておくということです！

自分という土壌を良質な状態に整えていくと、自分をより良質にし、より高め、より幸せにし、より充実させ、より良い人生にしていくことになる〝良質の願いや夢や目標〟に、自分の中で自然に出逢え、うまく育めるようになり、それをうまく収穫できるようになります！　そして、どんどん実りある人生へと入っていくのです！

さて、**自分という土壌を良質にする際、大切なことは、〝愛を持って耕し、整えること〟です！**

農家の人は、みんな、自分の土壌を思いやり、大きな愛情をこめてケアします。それでこそ、素晴らしい「収穫物」が得られるとわかっているからです！

『収穫名人になる方法』

こんなはずではなかった⁉
そうならないよう、望んだものを正しく得る

前項の続きとして、ここでは、正しく「収穫」を得る方法について、お伝えしましょう。誤解のないようにお伝えしておきますと、「収穫」を得ることを望むのは、エゴでも、よくばりでも、ありません。

もっと重要な理由があるからです！　それは、「収穫物」がないと、次に蒔くものが、育てるものが、手中に残らないからです！

つまり、育てたものが〝実〟を結ばないと「種」を取ることができません。
「種」を取ることができなければ、次に蒔くものがないということになり、とりもなおさずそれは、翌年の不作、貧しさを意味することになるのです。これは、とても怖いことなのです。

なんとしても、育てたものが、実を結ばないとね。実際、そのほうが、うれしいわけですから。

天の摂理は、「蒔く⇓育てる⇓得る」です。そうやって得るもの、つまり種を与えてくれる実の「収穫」という循環があってはじめて、あなたの人生は、より幸せに、豊かに、よくまわり、より潤い、満たされ、拡大したものになっていくのです！

そして、その実＝「収穫」を得るために、種を蒔くにも正しいやり方というのがあります。そこをまちがえると、あれ？　というもの、不本意なもの、不作が生じてしまいます。

というわけで、そうならないようにするためにも、ここでは、望んだものを正しく実らせ、収穫し、豊かな循環を起こすための「種蒔き」の方法をお伝えしましょう。

《望むものをうまく収穫するための絶対法則☆》

★法則1『果実にみあった種を蒔く』

種を蒔くまえには〝自分が何を収穫したいのか〟をよくわかっておくことが大切。もし、あなたが、スイカがほしいのに、かぼちゃの種を蒔いても、スイカは収穫できないからです。

野菜や果物を育てるとき、そのものの種を選んで、蒔くわけです。それは、当然のこと！

ところが、この人生で、願いや夢や成功の結果を得たいというとき、望んでいるものと違う種を平気で蒔いている人が多くいるものです。そして、そんなことをしておいて、「思った結果と違う！」と、嘆いているのです。

望む結果を得たいなら、望んでいるものと蒔く種の性質を一致させて、その一致した思考の種、行動の種を、世に蒔くことです！

この初歩的な基本をまちがえると、何年たっても望みは叶わず、何も得ることができません。

たとえば、パン屋さんになりたいなら、それにみあった行動を、会社を経営したいというなら、それもそのような行動を。そして、行動だけでなく、思いも然《しか》り！

成功したいなら、「成功するぞ！」という思いの種を自分の中に蒔き、その思いをしっかり育むことです。

成功したいのに、「成功しないかもしれない」という思いを自分の中に蒔き散らしていたら、成功しないという果実＝結果しか収穫できないのは、あたりまえなのです。

★法則2『惜しみなく、手中の種をすべて蒔く』

ほしい結果にみあった種を蒔くときには、〝自分の持っている種をひとつ残らずぜんぶ、惜しみなく蒔く〟こと！

「試しにちょっとだけ蒔いてみようかなぁ～」と、たった一粒だけ蒔いたり、恐る恐るちらほら蒔いたり、「このくらいでいいか、もったいないし」と、躊躇《ちゅうちょ》しつつ蒔いたり、ケチったりしてはいけません。

惜しみながら、ちまちま蒔いても、そんなことでは大収穫は望めません。

たとえば、農夫は種蒔きするとき、手元にある種を惜しみなくぜんぶ蒔きます。しかも、なんの躊躇もなく、明るい気持ちで安心して、潔く、大胆に蒔くものです！

その蒔き方をわかっておくことは、とても重要です！

というのも、その大胆さこそが、やった以上の成果を生み出すものとなり、後に、あなたに大きなよろこびをくれるものとなるからです！

しかも、そのあり方には、「結果（果実の収穫）」に対する絶対的な信頼があるということだからです！

★法則3『全幅の信頼を寄せる』

全幅の信頼のもとに行った行為に、天は必ず応えるのです！

それゆえ、あなたが叶えたいことのために、世に種蒔きするときには、いつでも必ず、うまくいくことを信じてください。

天の摂理は、いつも、信頼を寄せるとき、もっとも明るい良好な途中経過と、想像以上のうれしい感動的な結果をくれるもの！

★法則4『余計なもの、害は、その都度、取り除く』

たとえば、バラをきれいに立派に咲かせたいというとき、虫やいらぬ雑草は、積極的に取り除くものです。

これと同じように、あなたが、望む成果（収穫）を得るためにも、それを邪魔するような考えや行為、害になるもの、余計なことは、自分の中から、人生の中から、うまく取り除いてあげることです。

そうしないと、人は、自分の望むものに向かう途中経過を自ら邪魔し、悲観したり、あきらめたりするからです。

自分にとって、良いものだけを携えて、望むものを育むことは、とても大切なことです。

★法則5『すっかり忘れる、手放す!』

種を蒔き、肥料をあげ、害になるものを取り除き、自分もすべきことをしたら、あとはいったんそのことを手放します!

一定期間、見守るということです。

つまり、まだかまだかと、やきもきせず、日々、すべきことを淡々とする人でいる、ということです。

あなたが、まだかまだかと、良い結果が出始めるのをずっと気にしているということは、土の中に埋めた種が発芽したかどうかを気にして、何度も土を掘り返しているのと同じこと。

そんなふうに、ずっと気にしていたら、育つものも育ちません。

種を蒔いたら、それが芽を出し、成長し、実になるのは、天の摂理として確かなことだと理解し、安堵《あんど》し、ことの流れを「見守る」ことです。それが、すべきことをしたあとの大切なあなたの仕事です。

ちなみに、**「見守る」ということは、何もしていないことではありません。それは、〝待つ〟ということを通して、ポジティブなエネルギーを注いでいるということです！**

物事が良い形に変化するまで待ったことのない人は、〝待つことで得られる恩恵〟をまったくわかっていないものです。待つことを知らないから、結果にもたどり着けなくなるのです。

★法則6『手厚くケアする』

あなたのやったことに対して、何か小さな芽が出たなら、優しくしっかりケアすることです。

そして、その小さな芽が出たことを祝福し、「うれしい♪」「ありがとう！」と感謝を捧げましょう。

決して、「なんだ、こんな小さな芽が出ただけか」とか、「何もたいしたことじゃない」などと言わないでください。

出始めた現象や結果の、規模の大小ではなく、〝確実に何か良いことが起きている〟という、その「方向性」を重要視し、そのことを祝福することが大切なのです！

というのも、その後、その方向性、良い変化の兆《きざ》しは、どんどん大きくなって、より大きな現象や結果をみせはじめるものだからです！

いつでも、小さな変化にも大きくよろこぶその心の態度が、あなたの夢の芽の成長を加速させるのです！

★法則7『次のステージにむけて、新たな準備をする』

たとえば、どんなに小さくても、望む結果がひとつ、収穫物として取れたなら、その後すぐまた土壌を整え、次の収穫の準備をしてください！

ひとつ何かを収穫し、そこから新たな種を手にしたら、今度はまたそれを蒔くだんどりをするわけです。

そうすれば、あなたの望むものは、この人生で、いくつでも、何度でも、繰り返し、芽を出し、花を咲かせ、実となり、エンドレスに収穫できます！

物事はひとつ受け取ったら、「それで終わり」ではありません。

天は、人智では知ることのできないほど、ふところの大きい無限の提供者です！

得た後に、感謝し、そのよろこびを他者ともわかちあい、次の準備をしっかりするならば、いくらでも、あなたの思いを、望みを、手にしたいものを、この人生で受け取らせてくれるのです！

『天徳に恵まれる人になる！』

すべてのことが報われる！
そんな人生は「坤《こん》」に習う

この世の中には、やってきたことのすべてが報われ、人がうらやむような有形無形の財産を築き、幸せで豊かで成功した人生を叶えてしまう、「天徳」に恵まれたような人がいるものです。

しかも自分の持っている善《よ》きものを他者にも惜しみなく分け与え、まわりをも幸せで、豊かにし、みんなに慕われ愛され、社会からも求められてしまうような魅力的な人が！

そんな「天徳」に恵まれた人になるには、いったい、どうしたらいいのでしょうか？

これについて、「帝王学」＝易経は、「坤《こん》」に習えとあります。

「坤」とは、「地」のことです！〝天は地に、真っ先に、ダイレクトに報いる〟ということや、〝大器は晩成する〟ということの道理を説いているものでもあります。

つまり、この「坤」＝「地」の生き方に習うならば、どんなにいま、つらい人生の中にあっても、小さな名もない存在であっても、必ず感動的な素晴らしい人生が訪れるということです！

では、まず、その「坤」＝「地」の生き方とは、どんなものなのか見ていきましょう！

たとえば「地」である土は、天からの雨水を一身に受け取る存在です。雨水を自分の中に素直に吸収していくわけです。

水を吸収した（含んだ）土は、柔らかくなります（柔軟になります）。しかし、それは決して、ぐちゃぐちゃの、ふにゃふにゃの泥になるのではなく、しっかりとした養土です。

養土という土は、地面の下にある種や木の根に、自分の持っている水分や栄養分を惜しみなく分け与え、養います。

しかも木が水分をもっともっと！と求めて、どんどん伸びてきて、自分の場所を占領していったとしても、それさえも「よし！」とし、優しく受け入れています。

また「地」は大地であり、天の太陽の光も一身にあびます。その光を素直に受け取り、種の発芽や木の成長をサポートします。

同時に「地」は地面であり、その上には人が歩き、車が走り、ビルが建ちます。その重荷を一身に受け止め、支え、けなげに他者のために、自分のすべきことをまっとうし、存在しています。

つまり「坤」＝「地」は、素直で柔軟でありながらも、しっかりとした自分自身の土台・基礎を持ち、良心的で、まじめで、働きもの。そのうえ他のために自分の持っている善きものを惜しみなく与え、他を助け、育み、支え、サポートし、黙々と自分の任務をけなげにまっとうしているわけです。

その姿は、まるで自分のことはわきへおき、わが子のために懸命に慈愛を注いで生きる母の姿そのもの！

このような働き（生き方）、そう、自分を生かしきり、他のためにも！という生き方をすることを、「坤」の働き＝「致役《ちえき》」するというわけです。

そして、その姿を天はいつも見ており、そのような生き方をする人について、こう伝えています。

「坤」＝地の持つ「致役」の働き（生き方）をする人は、天が真っ先に報いる人であり、天徳がダイレクトに与えられる人！

けなげに「致役」の働き（生き方）をする人を、天は絶対に放っておかないのです!!
誰よりも、何よりも、率先して、サポートするのです！

それゆえ「坤」＝地の持つ「致役」の働き（生き方）をする人は、やがてすべてが報われて、地表に大輪の花を咲かせることになるのです！　たとえ途中経過がどんなにつらいものであれ、必ず大成する人になるのです！

ちなみに、なぜ「致役」する人が天徳を一身に受け取り、大成する人になるのかというと、その「致役」の行為こそ、前述のようにわが子にすべてを捧げ、育み、与え、尽くすことをよろこびとする母の姿であり、〝無償の愛〟そのものだからです！

〝無償の愛〟こそが天意であり、天の働きそのものであるからこそ、その天意、天の働きと同調する人に、天は報いることになるのです！

そして天意を持って生きる者には、天はよろこんで、素晴らしい人生、有形無形の財産、価値ある結果、感動の数々、大いなる祝福など、幸せな奇跡の恩恵を、老いてもなお与えんとするのです！

『「亨《とお》る祈り方」をする』

その正しい祈りには、たった一言でも、天が動くすごい秘密がある！

自分でも、できる限りのことをし、前に進んでいても、ときには思うように進めなくなることもあるものです。あるいは、もっとこうなりたい！　これを叶えたい！　と、次々と夢や願いが生まれてくることも。

そんなとき、神様に助けてほしい！　叶えてもらいたい！　と、思わず祈りたくなることがあるでしょう。

では、そんなとき、いったい何をどう祈れば、うまく天に通じるのでしょうか？

ズバリ、神様に応えていただける正しい「亨《とお》る（支障なく行われる）祈り方」とは、「ただ感謝を伝える」だけでいい、ということです！

心から感謝するとき、摩訶不思議《まかふしぎ》なことが起こるのです！


しかも、感謝するだけでいい理由は、神様は、あなたの祈りが瞬時に届く世界、あなたの気持ちも状況もすべてお見通しの世界に、いらっしゃるからです！

それゆえ、いちいちこまかく、ああだこうだと、詳細を伝える必要はないのです。


みなまで言わずとも、すべて承知しています！　それゆえ、こうです！

「神様、いつもお守りくださり、ありがとうございます」

なんだかそれでは心細い、もっと言葉を伝えたいというのなら、そのあと、こうどうぞ。

「このたびわたしは、〇〇を叶えたく思っております。

惜しみなく尽力いたしますので、
なにとぞ、お導き、よろしくお願いいたします。

願いをお聞きくださり、ありがとうございます」と。

これで、「亨る祈り」となります！

ちなみに、**この正しい「亨る祈り」ができるのは、自分の中に〝それを叶えるぞ！〟と、「決心」ができたときだけです。**

「決心」があなたに、正しい言葉で、正しく祈らせ、〝感謝の先取り〟をさせるのです！〝感謝の先取り〟ができるのは、神を、偉大なる背後の力を、無条件に信じているということです。

その信じる心が、神のご加護とサポートを強力に引き出すものとなるのです‼

では、何回、祈るのか？　もちろん、一回で充分です‼

何度も何度もしつこく、ごちゃごちゃと、「懇願」する必要はありません。

そんなことをしているというのは、神様に対して、「通じていない！」と言っているのと同じであり、もはや叶うとは信じられない！　と思っている証拠だからです。

しかも、そもそも、「懇願」する必要などないのです。

というのも、すべてを神様がやってくださって何かが叶うのではないからです。神様は、あなたが叶えたいことを、〝あなたを通して叶える〟よう、働き、導き、見守るだけだからです！

叶えるのは、あなたの仕事であり、神様の仕事ではありません。神様の仕事は、あなたの正しい「亨る祈り」を通して、物事を「亨す」だけです！

その正しい「亨る祈り」こそ、「感謝」だったのです！

『神仏にご加護いただく妙意』

神様はすべてお見通し☆
そのとき、神は、あなたの何を見ている⁉

自分の人生や運命がどんな状態にあろうとも、すべてを司り、万物を養う、大いなる天や、神を、「敬う」気持ちのある人は、救われるのも早いものです。

「敬う」とは、大切に思うことであり、尊敬を示すことです。また、それによって、こちらの心が洗われ、謙虚さが芽生え、この人生すべてに「ありがたみ」や「感謝」が生まれるのです。

そして、その謙虚さと感謝が、人を貞《ただ》しく高みに引き上げるのです！

さて、神様、仏様は、金品を必要としません。何も大きなお社《やしろ》や、贅沢《ぜいたく》なお供え物を、こちらに求める存在ではありません。

神様、仏様が、求めるもの、いや、よろこんでくださるのは、いつも、あなたの「心」です。純粋で、優しく、美しい、あたたかい真心という「心」、それのみです！

それゆえ、たとえ、いまのあなたの暮らしが貧しくとも、どんなにわずかなお供え物しか供えられない状態だとしても、神様は、あなたが真心をもって、感謝をもって、手を合わせるならば、即座に、心に応《こた》えてくださいます。

いつでも、神様がみているのは、人の「心」だけ、だからです！

ちなみに、神仏のご加護をいただくのに、仏様に成仏していただくのに、どこかの団体に巨額のお金を差し出す必要はありません。神仏は、お金というものがない世界にいるのであり、まったくお金には用がないからです。

しかも、神仏への敬う気持ち、真心、感謝は、一瞬で通じるものだからです！

たとえば、大きなお社をつくり、豪華なお供えものをして、まわりに「どうだ、すごいだろう！」と自慢していても、その人に神様を敬う気持ちや、あたたかい真心がなければ、神はそこを離れます。

ちなみに、**天（神仏）に感謝するときこそが、世の、人々の、あなたの、運気盛隆のとき、豊かさが押し寄せるときであると、「帝王学」＝易経は伝えています。**

それについては、「帝王学」＝易経の中の〝雷火豊《らいかほう》〟が示しており、「太陽が勢いよく昇りはじめるのを〝豊〟とする」という意味からきています。

この〝豊〟（豊かさ）というのは、「五穀《ごこく》」の大いなる収穫を意味するものです。「五穀豊穣《ほうじょう》」の年は、「これ以上のよろこびはない！　大満足を得る年となった！　これほどありがたいことはない！　よかった！　よかった！」と、みんなが大よろこびし、素直に感謝することになるわけです。

そうやって、国も、民も、豊かさを受け取ることができるのは、天にある「太陽」という、〝万物を生成育成する光〟が地に届き、田畑を養うからです！

いつでも豊かさを受け取るときには、繁栄・繁盛した結果としての多くの利益を人々は持つことになります。

この「繁栄・繁盛している」「うまくいっている豊かな状態」をキープするには、天の恩恵に対して、「おかげさま」「ありがたい」という、敬いと感謝の気持ちを持つことが大切だと伝えているわけです。

まちがっても、豊穣の手柄を人間の成したことであるなどと、傲慢《ごうまん》になってはいけないのです。

感謝は、豊かさの波動であり、こちらが放った豊かな波動は、必ず何らかの形で、こちらに返ってきます。そして、自分が放ったものが返ってくるときは、いつでも、倍化して、〝幸運のおまけ付き〟で返ってくるものであり、それゆえ、「神は太っ腹だ！」「なんとも豊かな存在だ！」とわかるのです。

さて、最近では、神様本や神社での開運本などが巷《ちまた》にあふれていて、神様に対するこちらの精神の大切さよりも、「ご利益《りやく》」ばかりをあおる風潮も、なきにしもあらずで、なにか、どこか、違うのではないかと思わずにはいられません。

また、「あちらこちらの神様のお札を集めるのが趣味なんです！　もうかなり力のある神様が集まりました！」などと自慢し、まるで神様をコレクションのように扱う人がいるのにも、驚きます。

神様は、集めるのでも、飾るのでもなく、〝おまつりさせていただくもの〟です。おまつりさせていただけるのは、神様との出逢いがあってこそ、です。

その際、自らがその神様を求めるのか、神様に不思議な流れで導かれるのか、ケースはさまざまでしょう。

しかし、本当に、神様がその人を救わんと、何らかの形でその人に神を知るきっかけや、誘いを起こした場合には、その人はその神様と出逢ったり、その神様がまつられている神社でお札をいただいた際、不思議な高揚感を覚えるものです。また、涙が出るほどうれしく、ありがたく、大きな感動に包まれるものです。それは魂から湧きあがるような、いいようのない崇高なよろこびです！

そのとき、あたたかく優しい波動に包まれ、一瞬にして、深いやすらぎと大安心を得るものです！

ときには、神社で、神風がふき、心地よくあなたを包み込むこともあるでしょう。あるいは、大きな太陽の光に自分だけその場で照らされたりすることも。

そういう出逢いであったからこそ、神様がいっそう愛《いとお》しく感じられ、慈しみや敬意や感謝あふれる気持ちで日々、大切におまつりさせていただくこともできるのです。

『心のよりどころを持つ』

それこそが、長いこの人生を生き抜くための慈愛の必需品となる！

さて、神に「手を合わせる」というのは、何もすがることではありません。何かを頼むためでもありません。また、自分が弱いからと、依存するためにそうするのでもありません。

神様が、好きだからです！　大好きだから、陰になり日向になりして、そばにいてくださることが、お導きくださり、お守りくださることが、うれしくて、思わず感謝で、手を合わせてしまうしかなくなるということです！

そして、それが神であれ、仏であれ、親であれ、頼れる上司であれ、成功哲学書であれ、信じる何かであれ、〝心のよりどころ〟とするものがある人は、安心安住の地で暮らすも同然となります！

　そのとき、おだやかで、満ち足りた人生を歩いていくことができます。また、自分自身や人生を、神に与えられたものとして大切にできるようになります。


　〝心のよりどころ〟があることで、いいときも、そうでないときも、自分自身、気丈でいられます。たとえば、運が強いときには、いさましくも優しく、用心しながら感謝しながら、貞しく前進できるものです。また、運が弱いときには、つらくても落ち込み過ぎず、自分を鼓舞しながら感謝しながら、貞しく乗り越えられるものです。ちなみに、「正しく」ではなく、「貞しく」と表現するのは、「正しく」は人間の理屈からくるものですが、「貞しく」は天の摂理でいう、〝ただしさ〟だからです。すべては〝時〟が見守り、〝時〟が解決するという、変化を示す絶対的なものを示唆しています。そして、その〝時〟と〝変化〟を生み出すものこそ、天であり、神なわけです。

　しかも、〝心のよりどころ〟となるものを持っている人と持っていない人とでは、この人生での忍耐のしかたや、つらい時期の乗り越え方が、まったく違ってくるものです。

それを、ひとことでいうならば、「お守り」です！
毎日を、それとともに進み、ともに生きているだけで、安心なのです。

それがあることで、人は、無条件に守られていることを感じられ、なにがあっても救われることを、〝潜在意識的にわかっている〟ものです！

「これがあるから大丈夫!!」「これに守られている!!」と自覚できたら、無敵です！

たとえば、孤独で、不安で、怖くて、絶望的で、倒れそうなとき、それでも、ふと、「自分には、神様がついてくれている！」「観音さまが導いてくださっている！」「お不動さまが助けてくれるに違いない！」「亡き母がそばについていてくれている！」と、そう思えるだけで、もう半分救われているも同然です。

そう、自信がつき、強くなれ、勇気がわき、本領発揮しやすくもなり、そのおかげで、何かとうまくいくようになるわけです。

ちなみに、〝心のよりどころ〟がない人は、いともかんたんに、ダメになるものです。「もう、ダメに決まっている」「どうせ誰も助けてくれない」「このまま堕《お》ちるしかないんだ」などと、そんなつらいセリフを吐いたりして。

〝心のよりどころ〟には、あなたを無条件に癒し、励まし、サポートするはかりしれない神秘パワーがあります！

また、それは、いつでも即効で、「安心」「安堵」の世界に連れていってくれます！

そして、人が守護されている自覚と、安心安堵の境地を手に入れると、なぜか、突如、摩訶不思議な出来事が起こり、運命が好転していくのです！

第 2 章

道をひらく☆
摂理を通して、望みを叶える

夢や願いを叶える! 成功する!
そのために、いかにすべきかを心得る

『日の目を見る☆その瞬間を迎えるために』

○○から準備する☆
すると、あなたのすべては報われる！

この人生、どうせ何かをやるのなら、中途半端で放り出すのではなく、最後までやり遂げ、その良い結果を見たいものです。

自分のやったことが認められ、実るべきものが実り、引き上げられる場所へ引き上げられ、できることなら、〃他から抜きん出た成功をし、世に出て、脚光をあびる日を迎えたい〃ことでしょう。

自発的に何かをやる人、成功したい人なら、そう思うのも当然かもしれません。

やったことが認められ、他から抜きん出た成功をし、すべてのことが報われる人になるための秘訣《ひけつ》は、ズバリ、「暗闇」から必要な準備をする人でいることです！

「帝王学」＝易経では、「暗闇」から準備する人こそ、〝日の目を見る人〟と伝えています。

いったい、それは、どういうことなのか？

「暗闇」とは、たとえて言うと、人がまだ寝静まっているときであり、夜が明けていないときです。

そんな、まだ人々が寝ていて、動きだしていない中で、あなたが何か叶えたいことのために、成功させたいことのために、ひと足早く必要な計画や準備をし、動き出したなら、あなたが先に夜明けを、そう「日の目」を見ることになるのです！

しらじらと夜が明けて朝になってからでは、遅いのです。

というのも、それだと、他の人も起き出してきて、明るい中でいろんなものが見えるようになり、あちらこちらへと忙しく動き出すからです。そのとき、あなたはその他大勢と横一線となり、同じでしかないからです。もしかしたら、出遅れてしまうことにもなりかねません。

しかし、いつでも、「日の目を見る人」は、人がまだ寝静まっている間から、そう、世間の人が、世の中が暗いだの、まだ景気が悪いだのと、〝環境に文句を言うだけで、自分はすべきことを何もしていない〟うちから、良くなるために必要なことを、何かを叶えるためにすべきことを、成功に向けた計画や行動を、自発的に準備して、動き出しています！

それゆえ、抜きん出た存在になり、大きく成功するわけです！

ちなみに、コロナ蔓延《まんえん》の頃、本当に世の中はみんな大変でした。これからどうなるのか、お先真っ暗でした。

そして、みんな、外食できないと嘆き、どこのお店も、お客さんが来ないから仕事にならない、「困った、困った」と、何もできないような状態が続きました。

しかし、そんな中でも、「そうだ！　店内で営業できないなら、テイクアウトをやろう！」と、いち早くそうしたお店もありました。また、それ以外の職種の人でも、「スカイプでセミナーしよう」「対面がダメでも、電話での鑑定なら、やれる！」と、実行した人もいたわけです。

そうやって、世の闇の状態が明ける前に、「それでもこの中でできることはないか？」「どうしたら、この状態を切り抜けられるか？」と考え、お先真っ暗な、その暗闇から、先に動き始めた人がいたわけです。

しかも、それが、他の人に役立つことや、他の人の不安を取り去り、何かを助けるものとなっていたとしたら、良い反応と結果が出るのは当然でしょう。

そういう人が日の目を見る人であり、他から抜きん出て、成功してしまう人なのです！

『水面下の効力というもの』

秘めたるものは、ふくらむ☆
そして、それ自身の偉力で表出する！

あなたが「水面下」で「シークレット」にやってきた価値あることは、時を得て表に現れ、日の目を見たとき、たいがいまわりの誰もが驚くようなすごい結果になります！

「水面下」で、「シークレット」に進行したものは、〝爆発的な力〟を秘めることになるからです！

秘められた力は、どんどん膨《ふく》らんでいく性質を持っており、そのピークまで膨張するとき、水面下では圧縮された形になります。

そのとき、そこには、とんでもない力がかかっているので、時を得て、表に出ることになったとき、どかん!! と、大きなパワーを放ち、人々が驚いて注目するくらいの、すごい結果を出すことになるわけです！

しかも、「水面下」で「シークレット」の状態にあるとき、誰もあなたのすることを知らないし、見ていないので、〝あなたを邪魔するものが何もない〟から、スムーズに事が運ぶので、とても効果的なのです！

ちなみに、「わたしは、今度、こんなすごいことをやろうと思っているのよ！」とか「そのためにいま動いていて、〇〇しているんだよ！」などと、自分がこれからしようとしている大切なことを、いちいちペラペラ他人に言いまわっていると、大切なものが自分の中から抜けていきます。それは、成就のパワー。

自分が胸の中であたためている大切なことを不用意に他人に漏らすと、あなたの中から、しゅるしゅるしゅるしゅる～っと、それを成就させる魔法の力が抜けていき、あなたの気持ちと夢は、なぜかしぼんでいくのです。

そのうえ、言いふらすことで、大きな代償を払うことになります。

そう、他人にアイデアを奪われ、先にやられ、結果を横取りされるという。

心と目をひらき、口を堅く閉じ、賢い人でいるとき、きっちり物事を成功させることができるのです！

そういえば、わたしの知人の大物有名人が、よくこう言っていました。

「大きな仕事や、すごいプロジェクトが来たことを、よろこんで人に言うと、たいがい、その話は、そのあとぺしゃる（ダメになる）。

だから僕は、叶えたい大仕事が来たときは、絶対に、誰にも言わずに、内緒でやることにしているんだよ。

するとね、まわりが不可能だと思うようなすごいことも、絶対に叶い、成功してしまうんだよ。これ、ほんとうにすごい話だよ、水面下で、秘密にして、やる！というのはね」と。

ちなみに、あなたの叶えたいことを〝ある人にだけ〟なら、言ってもいいのです。

それは、誰か？

ズバリ、答えは、自分よりはるかに大きな力も、地位も名誉も財産も持っており、かつ、あなたと信頼関係や絆《きずな》ができており、あなたの成功を応援しており、もっと上に引き上げたいと考えており、できる限りの手助けをしてあげたいと思ってくれている、無償の愛を持つ〝本物の成功者〟です！

そんな人がいるのか？　それが、いま、そばにいなくても、不思議と、現れるのですよ。

夢に向かって前進しつつ、「致役《ちえき》」する人でいるときに、絶対に!!

いま一度、第1章の『天徳に恵まれる人になる！』をどうぞ。

#『願望成就するのが、うまい人になる』

〝思い〟を〝形〟にする方法は、いたってシンプル☆
夢は何度でも叶う！

あなたに何か叶えたい願いや夢や目標があるのなら、〝思い〟を〝形〟にするシンプルな方法をいますぐマスターすることです。

その〝思い〟を〝形〟にするいたってシンプルな方法とは、「叶った最終場面」のビジョンを、ひとめ、見ることです！

その際、それをいつまでに叶えたいのか、「期限」を意識できると、なお効果的！

そう、今月中に！　3カ月以内に！　今年中に!!　と、いうように。

ビジョンとともに「期限」も必要なのは、〝叶える時期のめど〟がないと、あなたの中からビジョンに向かうパワーが生まれず、叶うきっかけと流れが生み出せないからです。

「期限」が設定されるとき、ビジョンは現実味を帯び、物事を具体的に動かすパワーときっかけと具体案と計画を、瞬時に生み出します！

そして、あなたが動き出すとき、あなたのために万象動かすことになる天もそれに向かって計画進行し、結果をこの地上に顕現《けんげん》しやすくなるのです！

ちなみに、天には時空はありますが、「時間」はありません。

天は、いつでも、瞬時に何でも叶う領域なのです。

しかし、あなたが生きているのは、地上という時間のある領域です。それゆえ、時間的なことが計画の中にないと、いつまでたっても、何も形になりません。

その、「期限」と「叶った最終場面」を、同時に自分の中に持つことで、あなたが天を動かすための意図を発していることになり、意図は「亨《とお》る」わけです！

その際、いちいちあなたが途中経過をあれこれ考える必要はありません。いや、むしろ途中経過を細かく考えないでください。成就の邪魔になりますから！

どのみち、いまこの時点であなたが想像した途中経過ではなく、いまのあなたが想像もしなかった素晴らしい流れと出来事と人との出逢いによって、その「叶った最終場面」という結果が運ばれてくることになるからです！

この人生で、何度でも、叶えたいことを叶える、願望成就のうまい人は、「叶った最終場面」のひとコマをビジョンで見る名人です！　そのビジョンは天のスクリーンに映し出され、天の摂理により、不思議な流れと展開で、現実のものとなるのです！不思議な流れと効果を発揮し、ゴールへと誘ってくれるのです！

　ちなみに、「叶った最終場面」をひとめ見ることができる人は、その現実を〝信じている人〟です！

　もし、「叶った最終場面」などが、自分の中にはまったく見えない、想像すらできない！　のだとしたら、その現実が来ることなど「信じていない」ということです。自分が信じていないものを、人は、心でも、ビジョンでも、見みることはできないし、手にすることもありません。

覚えておきたいことは、願望成就のうまい人は、「叶った最終場面というビジョンの保持⇓達成時期に向かっての必要アクション⇓軌道修正しつつの前進⇓達成」をくり返しているだけだということです。

　そして、この流れの中で、ごく自然に、天の摂理は働くのです！

『道をひらき、結果を出す☆重要なきっかけ』

天があなたのために反応する、その最初に肝心となるものとは!?

あなたが何かに向けて動く際には、その動き方や方法より、もっと重要なものがあります。

その重要なものとは、何でしょうか?

「帝王学」＝易経の中には、こうあります。

『物事を起こす際の〝最初の気持ち〟がなにより重要だ』と。

実は、〝あなたの得ることになるその結果は、物事を始める前から、すでに決まっている!〟と、伝えているのです。

それがなんであれ、ここから何かを始めたい、叶えたい、うまくいかせたいというのなら、〝最初の気持ち〟をしっかりつくることが大切なのです。

はっきりいうと、はなから、〝うまくいくことだけ〟を考える！　ということです。というのも、いつでもあなたは気持ちのあるほうへ向かい、気持ちが流れていくほうへエネルギーは流れ、エネルギーが流れるほうへと現象化が進むからです！

〝最初の気持ち〟が、あなたの運命を、結果を、握っているのです！

さて、自分のこれまでのことをふり返ってみましょう。

あなたは、そのことを叶えようと始めた際、いったい、どんな気持ちで、何をどう思って始め、やってきたでしょうか？

うまくいくと思っていましたか？　それとも、うまくいかないだろうと思っていましたか？

本当に、何かを叶えたいのなら、うまくいくこと以外、持つべき考えはなかったのです！　不安や心配や疑いなど、不必要！　あなたを邪魔するものになるだけなのですからねえ～。

うまくいくことだけを考えて、物事を起こすとき、あなたは、うまくいくしかなくなります!!　しかし、このシンプルで当たり前のことを多くの人たちは、わかっていないのです。

そして、それゆえ、うまくいかない理由を、自分以外の環境や他人のせいや、運命のせいにしたがるわけです。

〝最初の気持ち〟が、そのあとを決定する！
それは、「帝王学」＝易経が伝える天の摂理であり、重要なメッセージ！

だとしたら、なにかを始める際に、あなた自身が、「うまくいかないかもしれない」と思って始めたのだとしたら、うまくいかないのは、他の誰のせいでもないということです。

それを、天のせいに、運命のせいにされたら、天もたまったものではありません。

そんな理不尽なこと。

物事を起こす前から、自分で、「どうせダメかもしれないけど」「きっと、叶わないだろう」と思いながら行動するなら、そういう結果にしかならないのは、ある意味、当然なのです。

そのことを誰にも、何にも、咎《とが》めることはできません。「帝王学」＝易経は、ズバリ、そう言い放っています。

当の本人がうまくいくと思ってもいないし、信じていないものを、他人も、神も、天も、信じることなどできないのです。

さて、ならばと、ここから〝うまくいくことだけ〟を考えたら、そのあと、どうすればいいのでしょうか？

はい。あとは、始めたことがうまくいきそうなこと、叶うきっかけになりそうなことはもちろん、これは！と思うことや、気になること、わくわくすること、楽しいこと、興味あることに、〝すすんでかかわるだけ〟でいいのです！

また、いまの自分ができることやしておきたいことは、即刻、行動にうつすのです！

その際、自分のかかわることや行うことが、直接、結果に結びつくかどうかをあまり考えず、関係なさそうに見えることでも、気になったら、かかわっておくのです。

そして、ゴールからそれないよう、必要な軌道修正をしていくのです。

すると徐々に点と点がつながって、線になったり、形を見せたりし、物事の完成に近づいてきます！

とにかく、どんどん、わくわく動いていく流れの中で、気になることや興味あることに、自由に、よろこんでかかわってみてください。すると、おもしろいもので、意外なことが、まさか！という、うれしい結果につながっていったりするものです。

しかも、うまくいくことだけを考えて、物事にかかわるときと、「うまくいかないかもしれない」と思って物事にかかわるときでは、自分の内から出てくるパワーや本気度も、進み方も、途中経過も、チャレンジのしかたも、チャンスのつかみ方も、まったく違ってきます！

しかも、〝うまくいくことだけ〟を考えて、自発的に行動している人は、たとえ途中経過で雲行きが怪しくなったり、なにか障害があらわれたりしても、いちいちうろたえません。

で～んとかまえて、そのとき、その場で、問題を解決するよう働きかけ、創意工夫し、クリアしていくだけです。

では、なぜ、で～んとかまえて、なんでもクリアできるのか!?

その答えこそ、「うまくいくことだけしか考えていないし、どのみち、うまくいくに決まっているから！」です！

『信じる者こそ救われる☆』

「少しは信じてます」「信じているつもりです」は、
信じてないのと同じ

「信じる」ということは、願望を叶える際や、成功しようとする際、なにかしら望む結果を得たいとする際には、とても重要なキーとなります!! そして、それこそが、いま憧れ夢みている理想の「未来の扉」をひらくものとなるのです！

「帝王学」＝易経の中には、何度も何度も、「信」なら、亨《とお》る！ と出てきます。

あなたは、いつも、信じた通りのものだけを、この世に出現させることができます。

そう、信じる思いを通して、天とつながって！

いつでも、なにをやってもうまくいく人、必ずいい結果を得る人は、うまくいくと信じているがゆえに、途中経過で、うまくいくきっかけをつかみやすく、いい流れに乗りやすく、いい道へと導かれやすく、自分を引き上げてくれる人とも出逢いやすく、自然に順調を得るから、信じたものをしっかり手にすることができるのです！

それは、ある意味、ごく自然なことです。

たとえば、なにをやってもうまくいかない、結果が出ない、物事が成就しないというのは、それを自分が信じていないからです。疑いながらやろうとするからです！

経典の中にそうあります。

信じているなら、咎《とが》なし！
(信じている人は、誰からも、何からも、とがめられることはない)
疑っているなら、咎あり！
(信じておらず、疑いながら何かをするというのなら、

なにか、どこか、とがめられることがあっても、無理もないよね）

「帝王学」＝易経の中には、こんなふうに言います。
「志ならば、信じられる。信じることでこそ、亨《とお》る」と。

さて、叶えたいとしている夢や願いや目標や望むことが、あなたの「志」にまで高まるとき、それは確固たるものとなり、自然に、「信じる力」も高まります！

この「志」については、絶対に叶えたい願望がある人、めざす成功がある人、手にしたい望みの結果がある人、人の上に立つ人たちには、とても重要なテーマとなりますので、引き続き、次の項でもお伝えしましょう。

『志があるところに、今世の道がある！』

志は「吉」と出る☆
あなたを憧れと理想のある世界へと導く魔法力

ここでは、「志」について、大切なことをお話ししましょう。

「志」とは、ミッションです！　使命です！

それは、絶対に叶えるべきものであり、大いなる価値があるものであり、ある意味、自分の生き甲斐であり、生きる理由そのものになっているものです。

つまり、**「志」は、この命を使って、今世《こんせ》、叶えたいことに他なりません。**

ちなみに、たんなる夢や願いなら、この限りではありません。というのも、夢や願いは、そのときどきでコロコロ変わるものですし、叶わないことがあっても、そのことを自分もよしとできてしまうものだったりするからです。なんなら、すんなりあきらめることもできてしまうものです。

そんな夢や願いや目標と、「志」とは、似ているようで、まったく次元が違うものなのです！

「志」とは、〝どうしても叶えなくてはならないもの〟〝自分の中の確固たるもの〟〝ミッション（使命）〟として、自分の中にあるものだからです！

叶わないなどということはありえないほど、その人自身の今世の人生のテーマにまでなってしまうものだから、それを遂行する以外、ありません。

さて、わたくしごとで誠に恐縮ですが……。

実は、わたしは、成功していた父（あるスポーツ競技のプロ・実業家）と、ごくふつうの人である母のもとに生まれました。が、のちに、わけあって父と母は離婚。

わたしたち姉妹はバラバラに引き裂かれ、わたしと妹だけ、シングルマザーとなった母に育てられたのです。姉はお金持ちの父と、父の再婚相手となった女性とともに、豪華な家に住み、何不自由なく育っていたようです。心の中はどうであったのか知るよしもありませんが。

わたしと妹と母は、狭い部屋ひとつしかない家で、貧しい暮らしを余儀《よぎ》なくされました。父からの仕送りや慰謝料など、母は「一切、いらない!!」とつっぱねたことで、自分が苦しい生活をするしかなかったのです。

シングルマザーになった母は、女手ひとつでわたしたちを育ててくれました。しかし、お給与はわずかなもので、生活はいっこうに楽にならず……。やがて、母は二つの仕事を掛け持ちし、朝から晩まで働くようになりました。

それなのに、豊かになるどころか、ますます母は苦労続きの人生を強いられるようになっていき、やがて倒れ、まともに働けない日々が続きました。

苦労ばかりしている母を見ていて、わたしはいつしかこう思うようになっていったのです。

「なぜ同じようにオギャーと生まれて、幸せになる人と、そうでない人がいるのだろうか？　運命の差はどこでできるのだろうか？」「なぜ女性だけが、離婚しただけなのにまるで悪いことをしたかのようにうしろ指をさされ、思う仕事にもつけず、子育てと仕事の両立でへとへとになり、自分の好きなものなど一切買えず、好きなこともできず、ボロを身にまとい、いろんなことに疲弊《ひへい》し、不幸感漂い、貧しい生活を余儀なくされて、一生を終わるのか」と。当時の母を見ていて、そう思ったのです（まぁ、この世のすべてのシングルマザーがそうであるとはいえませんが）。

そんなふうに、人の人生や運命に大きな疑問と理不尽さを感じていたのです。

しかし、そんなことを当時子どもだったわたしが考えたところで、どうにもなりませんでした。が、少しでも母を助けようと、わたしも妹も高校生になるとすぐにアルバイトをしては、家にお金を入れていました。が、それでもわたしが高校に通う交通費にさえ母が困るような状態に何度もおそわれたものです。

その後、学校を卒業したわたしは、銀行員に。しかし、細かいことの多い仕事がしょうにあわず体調を崩し、銀行を辞めることに。その後、もっと明るい気持ちで生きたい！　と願うようになり、少し好きなこともしてみたいと、オーディションを受けまくり、劇団に入ったのです。

けれども、女優になりたいという夢はどこへやら。若かったわたしは恋に落ち、そこで出逢った人と結婚。その後、三人の子をもうけました。

が、一緒に劇団をやめて、生活を築こうとした夫は、すぐに会社を辞めるタイプでした。しかし、夫が働かなくても、わたしがなんとかすればいい！　せめて10年は夫を支えようと、わたしもいくつも掛け持ちで仕事をし、がんばりました。が、限界はくるものです。

わたしががんばるのをいいことに、それに甘えて仕事をしてくれないうえに、子どもに手をあげたり、ひどいことをしたり、暴言を吐いたりすることが止まらなくなった夫が許せず、離婚。

「子どもにひどいことをするのだけは、やめて!」と何度頼んでもやめてくれないのだとしたら、父性を持たないのだとしたら、子どもを守るために、こちらが去るしかありません。

ちなみに、天を家庭でいうと「夫」「父」です。その天なる存在が、まちがった生き方をすると、家庭は滅びます。ちなみに、地は「妻」「母」で、すべてを受け止め養い育てる性質。ですが、まちがったものは、それ以上、受け入れることも、育むこともできません。

天と地は、和合調和することで、良いものが生み出されるわけです。また、天と地は、陽と陰であり、この世のすべては陰陽調和の結果により、成就するのです。

「帝王学」=易経には、天と地である陽と陰が交わることで、すべては生み出される、とあります。そして、「陽と陰が和合調和しないなら、何も生み出すことができない」とあります。

さて、そんな経緯で、不本意にも、自分もまた、母と同じシングルマザーに。

そのとき、わたしは生活のために何とか仕事を確保しようと動きましたが20社以上面接に行っても、かたっぱしから落とされ、ようやく受かった会社では、三人の子どもを楽に養えるほどの大きなお金はもらえませんでした。

働く気は大いにあるのに、残業も、休日出社もいとわない!! とまで言ったのに、落ちるとは、何が悪いのか!? と聞いたところ、こんなやりとりになりました。

「何人もお子さんがいたら、なにかと会社を休まれるでしょ？」「休みません!!」「いや、学校だなんだと」「そのときは、なんとかします！」「いや、しかし、仕事と家庭の両立は大変でしょ」「平気です!! どうってことないです!!」

しかし、よく考えたら、この理不尽さといったらないのです。男性が離婚しても、会社に面接に行って、「お子さんが三人もいるなら雇えません」などとは、言われることなどないのですからねぇ。

この理不尽さは、どこからくるのか!? シングルマザーでも、幸せに豊かになれる道はないのか!?

そのとき、「これではダメだ! なんとかしなくちゃ! とにかく、女性がひとりで生きていっても、みじめにも貧しくもならず、う～んと幸せに輝いて生き、シングルマザーでも豊かさの中で子どもたちとほほえんで生きる方法を学ばなくては!!」と思うようになったのです。

そこからはもう、お米代がなくても、自己啓発書や成功哲学、中国の古典や、偉人の伝記などを買いあさり、むさぼるように読んだものです。なんとか、成功のヒントを、きっかけをつかみたい! と。

その中で、**成功は、うまくいく人生は、「志」にかかっている! と知ったのです。**

そして、「志」は亨る!! と。

そこから生まれた、肯定的で、創造的な思考をもとに、いろんなことを実践してい

くうちに、人生が少しずつ良くなっていったのです。良い結果が出てくるようになったのです。すると、今度は、

「本を書きたい!!　女性の自立と成功をサポートできる本を!!　どん底からでも復活できるという本を！」と。そして、

「母が生きていたら伝えてあげたかったわたしが学んだことや、女性が幸せになる方法や、女性のための成功法則や願望実現本を書いていきたい！」

そして、

「誰もが、生まれてきた限り幸せになり、どんな運命の中からでも、復活できる方法を伝えたい！」と思うようになり、やがて、〝作家になる！〟という「志」が、芽生えたのです！

その後、それは叶えられ、こうしていまわたしはその作家の道の中にいて、もう20年を迎えるわけですが。

個人的な〝小欲〟ではなく、誰かや何かや社会に役立つ〝大欲〟になるとき、夢も

願いも憧れも理想も、自然に、「志」になるものです！

そして、他人からは見えてはいないはずのその「志」に共鳴するかのように、なぜか応援してくれる人や自分を引き上げてくれる人、チャンスを与えてくれる人が、ごく自然に惹《ひ》き寄せられてきます！

気づいたら、その「志」は、いろんな分野でどんどん実現していたのです！

「志」は、自分の中から、パッション（熱い気持ち）を呼び覚ますものであり、いやでも突き動かされて行動してしまうものです。

また、そのパッションは、〝熱〟ですから、熱いのです！

熱い感動をまわりに放つことにより、その感動のうずに人々は巻き込まれ、「あなたと何か一緒にやりたい！」「何かサポートさせてください！」と、共鳴・共感し、応援を申し出てくれる人が増えるのです。

さて、「志」と「結果」を信じて進むとき、その人は、人も運も天をも熱くゆさぶり、感応させ、望むすべてを成就させてしまうしかなくなります！

絶対に叶えたいものがある！　というなら、それに対して、「まわりの人たちや天が応えるほど、自分は本気だったのか？」と、自分に問うてみるといいでしょう。

「志」があると、誰にも相手にされずとも、自分は本気になっているものです。

ちなみに、本気という言葉を聞くと「そこまでやる？」というように、なにかとてもしんどいもののように思う人もいるでしょうが、そうではありません。

本気になると、しんどいどころか、自分が高まり、わくわくするので、ただ楽しいだけです♪

これは一度でも何かに本気で取り組んだことがある人なら、わかることでしょう。

楽しいから、自発的に動いてしまえるので、しんどいということはないのです。突き動かされるとき、軽やかそのもので、勝手に浮上するわけですからねぇ。

また、「志」というものは、それを持たぬ人からすれば、一見、厳しいもののように取られるかもしれません。が、実は、そうではなく、「よろこび」に他なりません。

「志」が叶うことは、「志」を持った人間には、うれしくてたまらないことだから、本気になれるのです！

また、その「志」が叶うことを信じるとき、そのために生きることが生き甲斐《がい》となり、魂のよろこびとなるものです。

そのよろこびは、外部からやってくるのではなく、いつでも自分の内部からやってくるものだと、「帝王学」＝易経の中にはあります。

そして、**その自分の内部からやってくるよろこびこそ、まさにその人を創った天意**

であり、「吉運」を「大幸運」を「奇跡」を、引き寄せるものなのです！

さて、覚えておきたいことは、「志」には、あなたの中に隠れていた「上昇するパワー」「飛躍する力」「高い成功力」を、勝手に引き出す働きがある！　ということです。

そして、人は、その自分自身の「志」の偉力に応援され、励まされ、鼓舞され、ひっぱられて、みごとに飛翔《ひしょう》するのです！

『いまより上へ、昇る方法☆』

上に手を伸ばすのではない☆
飛躍成功している人がしていること

もし、あなたが、もっと上に上がりたい！　さらに飛躍したい！　ワンランクアップした人生に入りたい！　と、より高い成功や人生の飛躍を求めているなら、むしろ、上に、上にと、上を仰ぐのをやめてください。

上を憧れ仰いだり、上に手を伸ばしたり、背伸びして高い場所に昇ろうとするのではありません。

では昇るためには、いったいどうすればいいのでしょうか？

ズバリ答えは、**「昇りたいなら、一歩前へ！」出るだけでいいということです！**

いまの場所から、自分が一歩前に出るだけで、つまり、何か新しいことをひとつやったり、人よりもひとつ多く行動するだけで、勝手にあなたは、いまより高まり、人より上に行くことになります！

いつでも、前に出ることで、上に行けるのです！

ちなみに、これは余談ですが……。

ボイストレーニングを習っていたとき、高い音域を出そうと、首を上に上げて必死に歌っていたら、先生がこう教えてくれたのです。

「なみさん、高音をうまく出したいなら、首を上げたり、譜面の中の高い音符を追いかけたりしてはだめよ。そんなことをする必要はないわ。

ただ、自分の声をいまよりもっと前に出すつもりで歌ってみて！　前に、前に声を出すことで、勝手に高音が出ますから」と。

言われた通りに素直にそうしてみると、不思議なことに、さっきまで出なかった高音が、どんどん出るようになったのです！

わたしはこのとき、「昇りたいなら、一歩前へ」の摂理が、こんなところでも役立つとは！と、えらく感動したものです。

たとえば、飛行機を見ても、この摂理があります！

飛行機は空高く飛びたいわけです。しかし、その飛行機が最初にすることは、長い長い滑走路を、前へ前へとスピードを上げて走ることです！

前へ前へとぐんぐん滑走路を走っていく中で、大きな風の抵抗にあい、それさえもつっきるように前へと走っていくことで、やがて、その極みで、大きな風の抵抗を浮力に変えることにより、浮上することができるのです！

世に出て成功しよう、人より上を目指そう！とするとき、必ず抵抗にあうものです。

しかし、高いレベルで成功してしまう人は、その抵抗（空気の流れ）こそが、自分を強くするものだと知っており、それをものともせず、やがて人が羨望《せんぼう》するほど、飛躍出世し大成功をおさめるものです。

さて、**前に出るというとき、それは、たった一歩でいいのです！**

一歩前に出る人が、横並び一線から、ひょいと出ることになり、目立つことになり、他を抜くことになるからです！

そのとき、まわりの人たちが、いい形で世に飛び出たあなたに興味を持ち、魅了されることになり、〝この人について行きたい♪〟と思うようになり、人々があとをついてきます。

すると、ますます注目されることになり、チャンスを受け取りやすくなり、より成功を勝ち取りやすくなるのです！

ちなみに、前に出るとき、絶対に、人より、50歩も、100歩も、前に出る必要はありません。むしろ、そうしないでください。

というのも、それでは、人が、あなたのうしろをついて来られないし、そのうち見失うことになるからです。

ちなみに、「帝王学」には、龍のたとえ話があります。**龍が雲から離れない程度に前を進まなくてはならない！と。**

龍が雲から離れない程度に前に進み、悠々と空を飛ぶからこそ、雲は龍に憧れ、よろこび、恵みの雨を地上に降らせ、益することになるのだと。

それゆえ、雲さえもついてこられないほど、龍が前に前に、もっと高く高くと、先を行きすぎたら、雲は龍を見失い、何もできなくなるのです。

そして、雲がついてこなくなった龍は、失墜するのです。

『順風満帆を迎える♪』

うまくいっている状態をキープしなさい☆
順調さんのすべきこと

あなたのやっていることがうまくいき、物事が順調な流れを見せ、スムーズに進んでいるときは、素直に、その流れに身をまかせ、ついて行くことです。

その流れの方向性、そのリズム、その勢いに、楽しんで乗り、胸をはって、自信を持って、すべきことをし、前進することです！

すると、ごく自然に、「順風満帆《じゅんぷうまんぱん》」を迎えることができ、さらに、追い風がやってきて、「順風満帆」をキープでき、スピーディーにほしい結果や叶えたい世界のある領域に、入っていけます。

決して、抵抗したり、無理に流れを変えたり、流れを止めたりしようとしないでください。

この世の中には、物事がうまくいきはじめ、勢いよく流れ出すと、うまくいっていることと自体が怖くなってしまい、「こんなに調子がいいのは怖いから、ほどほどにしないと」「いいことばかりだと、帳尻《ちょうじり》合わせに悪いことが起こるといけないから、もう、このくらいでいい」と、その、せっかくうまくいっている流れから、わざわざ降りようとする人がいるものです。

たいがい、これまでうまくいったことがない人がたまたまうまくいくと、こうなる傾向にあります。逆に、うまくいく流れがどういうものかを経験として知っている人は、そんなことはしないわけですがね。

しかも、自ら良い流れから降りずとも、どのみち大自然の摂理は、調子よく流れていたものがピークを迎えたら、そこからやがてゆるやかな流れに自然に戻っていくものです。それゆえ、自分から、自然な流れを故意に止める必要はなかったのです。

「この流れに乗せていただこう♪　いま、いい流れであるならば！」でいいわけです。

そして、自然に流れがゆるやかになったら、ゆっくりその流れから降りればいいだけです。

ちなみに良い流れには、あなたを〝連れていきたい良い場所〟があり、そこから、次のステップを差し出そうとしているものです。

まだ降りるべきではないときに、その自然のリズム、天のやり方から、故意に降りようとすると、そこから何かがズレ、運が調子を崩すのです。

『もっと、もっと！を、やめなさい』

そこにある天の摂理の優しさを知れば、ロングスパンで成功できる！

さて自分の調子がすこぶる良く、物事が順調にいっており、やることなすことうまくいき、順風満帆な状態で、どんどん良い結果を手にし、成功を加速させているとき、人は、自分がなにかすごいパワーを手に入れたような気分になるものです。

そして慢心するものであり、そこからさらに欲も出てきて、「もっと、もっと、やってやろう！」という気になるものです。

しかし、「帝王学」＝易経では、順調なときは、陽という外に向かって拡大する力が強いときだとしています。それゆえ、そんなときほど、その反対の陰という〝ふりかえる力〟をもって、ことを見守り、バランスをとることが大切である、と。そして、

むしろ、順調ならば、「もっと、もっとは必要ない」と伝えています。

はっきり言って、「もっと、もっとは、やめなさい！」と。

というのも、「もっと、もっと！」という、エゴや利己的な欲が動き始めると、むしろ、その調子良さを自ら壊すものになるからです。

しかも「もっと、もっと！」と無理な進み方をするならば、このあとまだまだ長く保てたはずの成功を、短いスパンで終わらせてしまうことにもなりかねないからです。

調子がいいということは、時の勢いと、その中にあるパワーを、すでに目いっぱい使っているということです！　目いっぱい使っているのに、「もっと！　もっと！」とやると、どうなるか!?

そう、たとえば、あなたが広大な草原を馬に乗って悠々と走っているとします。しかも結構な速さで、勢いよく！

そのとき馬がとても機嫌良く、気持よさそうに、絶好調で走っているなら、本当は、その流れに乗るだけでいいのです。その動きや流れに逆らわず、素直についていくだけでいいのです。

ぴったり寄り添い、自分が馬の動きを邪魔しないようにするだけでいいのです。

そうすれば、故意に何かをしなくても、その調子良さは長く、長くキープできるからです！

逆に、その調子よく走っている馬に、自分のエゴで鞭《むち》をふるい、足で蹴《け》って、「ほら、ほら、もっと、もっと!!」と無理強いしたら、どうなるでしょうか？

馬にしてみれば、「言われなくても、いま、こんなにも速く、しかも絶好調で走っているだろうが!!」と文句も言いたくなり、あなたのエゴのきつい仕打ちに耐え切れず、悲鳴を上げ、反発すべく暴れ、あなたを振り落とすことになるでしょう。そして、もう、くたくたなので走れません。

それについて、「帝王学」＝易経は、こんなふうにも伝えています。

盛んに昇っているものも頂点になり、ピークを終えると、やがて静かに降りていくものだ。しかし下降しきったものは、再び昇りはじめることになる。それが、〝天の摂理〟である。

それゆえ「もっと、もっと！」と、やらなくても、昇れる頂点までは昇れるようになっているわけだから、そのまま、いまの調子良さを見守りなさい、と。

ちなみに物事が自然に、ゆるやかに降りるのは、天の摂理。しかし急下降（急速失墜）は、天の摂理ではなく、人為的ミスです。

さて、このことについては、太陽も大切なことを教えてくれているので見ていきましょう。

太陽は朝、東から出たら、ゆるやかに昇り、南中（頂点・ピークの高さ）したら、またゆるやかに降りて夕暮れとなり、暗闇へと入るべく、ゆっくりその姿を消していきます。しかし、また朝を迎えるべく、ゆるやかに昇っていき、南中をめざし、降り……と、それをくり返しています。

つまり、このリズムや流れを大切にしているわけです。その動きのどこにも、一切の無理や「もっと！ もっと！」はありません。そのとき、そのときの、ふさわしいあり方をしているだけです。

それゆえ太陽は、この長い歴史を太陽として果たしてこれたわけです！

南中するという〝頂点に立つタイミング〟も、天がごく自然に与えてくれるわけですから、なにもあせったり、よくばったりする必要はないと、わかっているからです。

それが証拠に太陽は朝から、いきなり、「もっと、もっと！」と、おのれのエゴで激しく動き、瞬時に南中したり、昼をとばして突然、夜になったりはしないわけですからねぇ。

それゆえ、「もっと、もっと!!」とやる意味などなかったのです。

そんなことをしていたら、本当は、まだまだ長く続くことになっていた調子良さと、成功の状態を、自ら早めにピークにしてしまい、もう、あとが続かなくなってしまうことになるのですから。

あなたは、ほんの短いひとときだけ、いい調子でいたいですか？
それともロングスパンで順風満帆を、成功を叶えていたいですか？

太陽を見習おう！ 天にまかせて、そのときを自然体でいこう！

『再びパワーを呼び起こす』

自分を見失ったとき、
もう一度、輝く力をくれるものとは⁉

ときには、自分の道を進んでいる中で、迷ったり、自分を見失ったり、スランプに陥ることもあるものです。

そんなときに、自分を取り戻し、復活するためにしておきたいことは、「初心」に帰ることです！

「初心」には、あなたがそれを始めた最初の頃のピュアな気持ちがあり、なぜ、その道に進むことを選び、それを行ったのか、そして、それを通して、自分は何を叶えようとしていたのか、その最も大切なことがあります！　そして、どんな動機が自分を

奮い立たせていたのかも。

「初心」をふり返るとき、そこには、キラキラしたあの頃の自分がいます！

その自分が、大切なことを思い出させてくれ、立ち上がる原動力をくれ、再びパワーをくれるのです！

しかし、意外なことにそれは、「さぁ、やるぞ！」「ここから、もう一度、がんばっていくぞ!!」というような元気いっぱいのものではありません。

どちらかというと、とても静かで、おだやかで、優しいマイルドな感じです。

「ああ、これでよかったんだ。わたしはそれを叶えたかったんだ……」「やはり、まだ、このことに生きていきたい。その気持ちに変わりはない……」「まだ、もうちょっと、この道を歩いていきたい。それ以外、わたしにできることはないのかもしれない」というような。

「初心」で出逢うのは、そんな、えらく落ち着いた、淡々とした、ふつうの気持ちなのです。

それに気づいたとき、どっと涙があふれます。

しかも、自分の中に消えずにふつうにあったその気持ちこそが、本当に生きる力をくれるものであり、自分をここまで、遠くまで、運んで来てくれたのだと、感動してしまうほどです。

そして、なぜか不思議と、その初心の思いに再会したとたん状況が変わり、新たな出逢いやチャンスが生まれ、大きな夢や目標が叶うほうへと再び動きだすのです！

第3章

富の宝庫をひらく☆
豊かさ・繁栄・ご加護を得る

当然のごとく、繁栄する!
ナチュラルに「強運」な人になる方法

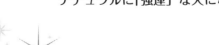

『チャンス・仕事・お金が、自然にやってくる人になる』

望まずとも、善きものを与えられてしまう人の共通点とは!?

善きものが、この人生に頻繁にやってくる人は、いつもあるものを持っているものです。そして、それを必要な人や状況に差し出すことで、チャンスや素晴らしい仕事や大きなお金や善きもののすべてを受け取っているものです。

そのあるものとは、「明るさ」「素直さ」「ほがらかさ」「おおらかさ」「ひたむきなあり方」「親切」「感謝」「ありがたみ」です!

それらをひっくるめてひとことでいうと、〝誠実さ〟を相手に、状況に、提供しているということです。

「帝王学」＝易経の中には、〝天は誠実な者を救う〟とあります。
誠実さこそ、天の姿に他ならないものであり、天と同調しやすいもの！

反対に、チャンスや仕事やお金や善きものが、やたらと逃げていく人がいるものです。そういう人がたいがい持っているのは、「暗さ」「頑固」「怒り」「心の狭さ」「うそ・偽り・隠し事・裏表」「不親切」「愚痴・不平不満」です。

そういうものを持っている人をひとことでいうならば、〝不誠実さ〟となるでしょう。

特に、怒りは、すべてのものを破壊させ、人をけちらせる、強烈な害となるから、気をつけたいものです。

ちなみに、「うそ・偽り・隠し事・裏表」のある人間は、すぐにわかります。

というのも、そういう人と話していると、会話がスーッと流れず、おかしなところでひっかかりますし、妙な理屈がはさみこまれ、「ん？」と感じることや、「ちょっと、待ってよね」と、こちらが腑《ふ》に落ちないことが多々あるからです。そして、なにかと、つじつまがあいません。

わかっておきたいことは、〝不誠実さ〟に（そういう人に）、うまく対応できる人間はいない！　ということです。

どんなにこちらが善人でも、ひとたび、不誠実な人間にかかわれば、何かをごまかされ、翻弄《ほんろう》されることばかりになり、くたくたになるからです。

そして、しまいには、理不尽なものやおかしな結果をつかまされ、まったく、いやになってしまいます。

さて、自分にチャンスやいい仕事やお金や善きものがやってこないことを、他人のせいにしたり、神様のいじわるとしたり、運の悪さにしてしまう人がいるものです。が、本当は、自分の心的態度、人柄、ふるまいの善《よ》し悪《あ》しこそが、大きく影響していたのです！

『〝お金と商売繁盛〟の話』

人さまという「縁」が、
お金という「円」をどっさり運んでくるしくみ

「帝王学」＝易経のもとになる「易」の中には、お金と商売繁盛は、「兌《だ》」＝七赤金星《しちせききんせい》に習えといいます。

それは、お金、現金、商売繁盛、余裕ある暮らし、食べて飲んで歌って笑って楽しい時間、幸せな人生、一生安泰、という意味を持っています。

その「兌」＝七赤金星が伝える「商売繁盛」の特徴には、次のようなものがあります。

1☆いつもニコニコ、恵比寿《えびす》様のような笑顔でいる。

2☆愛想が良く、愛嬌のある人でいる。
3☆良い言葉を使う。それは、
「思いやりある優しい言葉」「心地良い言葉」「気持ちいい言葉」
「ポジティブな言葉」「人を癒し、励ます言葉」
「人に元気やパワーを与える言葉」「人を安心させる言葉」など。
4☆人との会話を楽しむ、人との交流を楽しむ。
5☆よく笑う人。
6☆人気者。
7☆衣食住を大切にしている。お金を大切にしている。
8☆人さまを大切にしている。神仏を大切にしている。
9☆足るを知っている。ありがたみ、感謝の気持ちを持っている。
10☆ケチケチせず、太《ふと》っ腹《ぱら》。心に余裕がある。サービス精神旺盛《おうせい》！
11☆自分が好き、楽しいことが好き！
12☆好きなことを仕事にし、よろこびを持って生きている！

このような人であると、魅力的で、慕われやすく、人が会いたがり、会うのを楽しみにするものです。すると、自然に多くの人が寄ってくるようになります！

人が寄ってくると、人気が出ます。人気のある人が「お金」を引き寄せる人となるのです！

そして、その人が、なにかお商売をしているというなら、人という「縁」によって、人や生活を潤す「円」というお金が運ばれてくることになり、当然のごとく、「商売繁盛」が叶うのです！

これは、考えてみれば、納得できることではないでしょうか。誰も、不愛想で、笑わない、言葉の悪い人のところには、寄ってこないわけですからねぇ～。

とにかく、こちらに好感を持った人たちが集まってくるようになると、良い話、耳よりな情報も多く入ってくるようになり、ビジネスチャンスもひろがるものです！

さて、たとえば、「そばを打つのが楽しくてしかたありません♪」というおそば屋さんは、自分がそばを打つことをよろこびとし、おいしいおそばをお客さんに提供することも、よろこびにしているものです。

そういう人がつくるおそばは、おいしいに決まっているし、商売繁盛するに決まっているのです。というのも、お客さまにおいしいものを食べさせてあげたいというよろこびも、愛も、誠意も、そこに込められているからです！

逆に、「そばなんか本当は打ちたくない。家業のためにしかたなくやっているだけだ、めんどうくさい!!」というように、渋々そばを打っている人がいたとしたらどうでしょうか。

よろこびを持たず、その仕事を愛していないとしたら、おいしいかどうか……

きっと、誰もよろこばないことでしょう。

「商売繁盛の秘訣はありますか？」と、ときどき質問されますが、そこにはなにもこむずかしい方法も秘密もありません。ただ、七赤金星の要素を持っていますか？と聞きたいものです。

この「兌」＝七赤金星が伝える「商売繁盛」の特徴は、天が教える「人がお金を引き寄せ、幸せに豊かに生きる」ための摂理です！

なかでも、前述した通り、「よろこびを持って生きること」はなにより大切なことです。

というのも、**よろこびこそが「お金」を引き寄せる強烈なエネルギーであり、大きな換金作用を持つものだからです！**

『損して得とる☆豊かさの循環法則』

「損益」という言葉は、易経から生まれた☆
その意味を知る者が富む

お金や富や善きものを、どんどん手にしたいというのなら、先に、自分がそれ相当のものを「差し出す」（与える）生き方をすることです。

というのも、まず**自らが先に、善きものを他者に差し出すから、それ相当の善きものを受け取ることになり、それこそが天の摂理だからです！**

ちなみに、先に差し出すべきものは、あなたの笑顔、優しさ、親切、アイデア、智慧、知識、教養、なにかしらの技術やノウハウ、商品、サービス、などです。

さて、受け取るためには、〝自分から先に他者や社会になにかを差し出すのが大前提〟だという話をすると、こんなふうに言う人がいるものです。

「そんなことして、自分が損したらどうするんですか！」と。

しかし、**「帝王学」＝易経の中には、はっきりと、「損は益する」とあります！「損益」という言葉は、易経から生まれたわけですが、損する人が益する人という意味。つまり、「損」することこそが、ここから善きものを受け取る「きっかけ」であり、〝富の循環〟を生み出すものとなるということです！**

たとえば、あなたがセミナー講師だとして、セミナーを開催して、100人集めて収益を上げたいのだとします。

その際、あなたはまず、「100人集客できる会場」を先に借りなくてはなりません。

そう、〝会場代金〟を、先に差し出すことになります。

その時点では、〝ただ会場費を20万円使っただけ〟で、あなたの財布から20万円減っただけです。

あなたはこの時点では、まだ何も得ていないので、「損」（減っている）だけのようにみえますし、実際の状態もそうです。

しかし、**この「損」を経なくては、「益」するきっかけが生まれません！**

しかし、その後、セミナー案内を通して、集客できたとします。そのとき、ひとり1万円のセミナーをしたならば、100人集まれば、売り上げは100万円です！
お客さんが来るかどうかもまったくわからない状況の中で、先に20万円はたいて会場を借りるという「損」を経ても、のちに100万円売り上げたとしたら、80万円の利益となるわけです。

いつでも、「損」（減る）が、「利」（増える・得る）なのです！

たとえば、わたしのような職業の作家は、印税をもらうまえに、出版社にいくつも、あたためていたアイデアや企画やテーマを、惜しみなく差し出す必要があり、実際、そうしています。

しかも、何度も、何度も、です。

出したところで、本になるかどうかわからず、なんの確約もありませんが、書きたいので、先に差し出すのです。

なぜ、確約されていない出版のために企画を先に惜しみなく出せるのかというと、〝それさえも、よろこびだから〟です！　差し出すことが、まず、楽しいのです！

そうやって、先にこちらから差し出すから、相手も、興味深く話を聞いてくれ、「それ、おもしろいね」「それ、次の本にしませんか？」となるわけです。

もちろん、逆のパターンもありますよ。

出版社のほうから企画をつくってきて、「先生、こういう企画はいかがでしょうか？」と。編集者がつくってきた企画を作家に差し出すということも。

それをみて、作家が「いいですねぇ、この企画。ぜひ、やらせてもらいます♪」となるパターンもあります。

いずれにしても、作家から先に企画を差し出せば、作家は世に本を出せ、その対価となるものが入ってくるきっかけを自らつくれたことになり、結果、追って印税が入ってくるわけです。

逆に、出版社のほうが企画を作家に差し出して、作家がそれをよしとすれば、出版社は売り上げをつくるきっかけができ、その対価として売り上げを手にすることができるわけです。

このように、**先に、こちらから、なにか善きものを差し出す（与える）とき、そのあと、こちらに返ってくる（受け取れる）という摂理が働き、与えと受け取りが成り立つのです！**

与えと受け取り、つまり、「損」と「益」は、いつもセットで働くのです！

しかし、与えと受け取りが、たった一回で終わったら、そこで何かがひとつ「完了した」というだけで、「循環」にはなりません。

この人生に、善きものや富の循環をつくっていきたいなら、どんどん差し出すことを行っていくといいのです。そうすれば、いやでも、善きものや富は、あなたの人生を循環するようになります！

しかも、**「循環」はいつも、〝まわり、めぐり、拡大していくもの〟であるがゆえに、差し出すほどに、どんどん富む人にならざるを得なくなるのです！**

さて、余談ではありますが、同じ作家でも、自分の企画やアイデアを編集者に与えるのを渋々の人もいるものです。何か損したような、取られたような気になるからでしょう。

そして、そういう人に限って、自分が良い企画も出さないうちから、こんなことを言い出すものです。「お宅で本を出したら、原稿料って、もらえるんですか？　印税っていくらくらいもらえますか？　本は、何万部出してくれるんですか⁉」と。

その答えは、「あなたが差し出したものの善さによりますがね」という話です。

しかし、心ある編集者はいちいちそんなことを口に出して言わないわけですが、企画を出す前からそんなことばかりいう人は、たいがいそこで断られます。

自分の中に善きものを持っていたとしても、惜しむだけで、先に差し出す（与える）という「損」をつくれない人は、「益」することができないわけですが、それこそが、天の摂理以外の何ものでもないからです！

ちなみに、ちっぽけな〝目先の損得勘定〟ばかりしていると、せっかくのチャンスを失い、良い協力者を失い、手に入るはずのお金や豊かさを逃してしまいます。

その、ちっぽけな損得勘定と、「帝王学」＝易経のつたえる「損」と「益」には、その意味にも、結果にも、雲泥の差があるわけですが！

『〝顧客わんさか・取引拡大〟の秘密』

あなたのお客さんになりたい!!
人が押し寄せる店になる摂理

「帝王学」＝易経のもとになっている易には、人とのご縁を生み出し、出逢いやつながりをつくり、良好な人間関係を整え、取引先の拡大をしたいというのなら、「辰《たつみ》」（四緑木星《しろくもくせい》）に習えという言葉があります。

そこには、春風のような爽やかさ・優しさ・あたたかさ・おだやかさ・温和・誠実・親切・気立てがいい・ていねい・心地よい、という特徴があます。

また、人と会うときには、「できれば、何か良いものをさしあげたい」「どうせなら、よろこんでいただきたい」というような、豊かなサービス精神、気配り上手！という特徴も。
そして、そういう人でいることで、誰もが、その人の友達になりたい、知り合いになりたい、つながりたい！と思うような、人を惹きつける性質を持っています。

また、そういう人でいると、当然のごとく、その人柄の良さがまわりでささやかれ、その評判は遠くまで届くことになり、「そういう良い人がいるならば、ぜひ会いたい！」「そんな素晴らしい人と、つながりたい！」「ぜひ紹介してほしい！」ということになり、むこうから寄ってくることになるわけです。

しかも、**「四緑」には、信用できる・信頼感・安心感・安定感・価値・真価・評判の良さ・バランスがいい・すべてが整った〝最善の状態〟というのがあります。**

それらの要素をたずさえる人、そういうお店があるとして、それがあなたのお店だというのなら、その店は、いやでも千客万来の「人々が行列をなす店」となります！

人が興味を持つ〝本物の魅力〟にあふれているわけですからねぇ〜。

つまり、それは、こうです。

「あそこの店のご主人は、気立てもいいし、親切だし、信用できるよ。しかも、提供している商品もとても質がよく、色もいいし、形もいいし、価格も適正で、サービスも素敵だし、アフターフォローも万全よ！」と。

そうなれば、人は他の店に行く必要がなく、誰もがあなたのところにやって来ることになるわけです！　あなたのお客さんになりたい！　と。

バランスよく、「価値」ある良いものがすべてそろい、整っていて、「信頼」できるというのは、人でも、物でも、お店でも、最強なのです！

というのも、人は、「価値」と「信頼」のあるところになら、いくらでもお金を差し出すものであり、「価値」と「信頼」こそ、〝顧客わんさか・取引拡大〟の商売繁盛を叶えるまっとうなものだからです！

ちなみに、人づきあいも、お店づくりも、人と人がつながらずには成り立ちません。

その、「人の質」が悪ければ、つながりがたくなるのは当然です。人間にはみんななにかを感じる「心」があるからです。

誰でも、「心」が〝心地よさ〟を感じる人や店によろこんで、感謝して、こぞって足を運ぶのです！

そして、ありがたいもので、「四緑」のような人でいると、何か困ったことがあっても、店の経営が厳しい時代がきたとしても、必ず、人が、天が、助けてくれることになります。「この人のためならば！」と、ひと肌ぬいで。

「帝王学」＝易経の中には、天が助けるのは、「誠実な人」とあるわけです！

ちなみに、この「四緑」というのは、縁談・恋愛・結婚を示すものでもあります。それゆえ、縁談話が来なくて困っている人、恋愛相手を求めている人、結婚相手を探している人は、自分の中に、この「四緑」の性質を持つといいのです。

きっと、むこうからあなたを訪ねてきて、いやでも、好かれ、愛されることになるでしょう。

『〝財運を築き、末永く繁栄する〟には!?』

世に出て成功し、有形・無形の財産を築き、のちのちまでも栄える！

あなたがここから何者かになり、世に出て、成功し、有形無形の財産を築き、のちのちまでも繁栄した、宝の山を築く、恵まれた人生の中にいたいというのなら、「変化」するのをやめない人でいることです！

ずっと同じ自分でいることや、同じ考えや発想にばかり頼ることや、同じ仲間とつるむこと、なんのへんてつもない退屈な日常に居続けること、同じ場所にばかりいりびたるのをやめ、すすんで、「変化」を起こすことを「よし！」とすることです。

というのも、「変化」こそ、「進化」を生み出す唯一のものであり、「進化」なくして、**ここからの「成功」はないからです！**

しかも、自分のことだけでなく、世の中もまた刻々と変化するものであるからこそ、その中で成功し何者かになり、財を築くには、世の中の時代の変化にも順応し、「進化」していくしかありません。

ちなみに、長い歴史の中で、絶滅していった生き物というのは、変化できなかった生き物たちです。

生き延びた生き物は、みんな「変化」をすすんで受け入れ、自分を「進化」させ、新しい環境や世界を「よし！」と受け入れたから、生き残れたのです。

それは、決して、生き残った生き物が、生き残れなかった生き物より、「強い」とか、「偉い！」とか、いうことではありません。

それは、「柔軟」であったということです！

この「柔軟」さが、変化を受け入れ、あなたをいくらでもポジティブにパワフルに偉大に、何者かへと進化させる素晴らしい性質なのです！

「変化」なくして、「進化」はありません。

「帝王学」＝易経のもとになっている「易」の卦で、「変化」を示すのは、「艮《ごん》」＝八《はっ》白土星《ぱくどせい》の象意です。それは、「変化」することで、「進化」し、さらに伸びていけることを意味しています。

次につながる「進化」といっても、それは、ただ伸びっぱなしというものではなく、〝竹のごとく〟のあり方を説いています。

つまり、ぐんぐん伸びて成長しても、節にきたら止まり（塞《ふさ》がる場面では立ち止まる。無理に伸びようとせず、亨るときがくるまで待つ。それは、何もしないで待つということではなく、そこでの気づきや課題を乗り越えながら、時を待つということ。そして、また、亨りだしたら、進み、伸びていくこと）、そうやって、そこでの必要な変化と成長をすることが大切だということです。

止まるべき節目をしっかり生きるからこそ、また伸びることができ、より強く、しなやかになれるのです。そう、竹のように！

そのしなやかさ＝柔軟性があるから、折れない、壊れない人でいられ、物事や仕事を最後までやり遂げ、価値ある人生を築くことができるのです！

ちなみに、この人生に何も価値あるものを残せない人は、変化や進化をこばみ、かたくなになり、叶えたいこと、目指すこと、築きたいものに向かって進むのを途中でやめた人です。

大きな成功や富を目指して進んでいると、本当は、誰にでも塞がる時期くらいあるわけです。そのとき、そこで、どう対処したかが、運命のわかれ道になるのです。

塞がるとき、止められるときは、いったんそこで立ち止まり、大いに自らをふりかえり、反省すべきところは反省し、すぐさま改善策を練ることです。目線を変え、視点を変え、別の角度から物事をみつめ直すことです。そして、新たな考えやアイデアや方法や行動の仕方を取り入れ、時期や人など変える必要のあるものがあれば変えてみるのです。

そして、それらと共に、また動き出すのです！　そのとき、そこには、より成長した新しいあなた、より良い状況、より価値ある場面があり、あなたはちゃんと進化していることになります！

さて、**この「八白」の性質には、山のようにで〜んとそびえ立ち、びくともしない不動・確固たるもの、という意味もあります！**

それゆえ、大きな成功と富と善き結果を山のように積み上げる「本物の成功者」となりたいなら、「こういうことを成し遂げる！」「絶対に、そうしてみせる！」「こうなるぞ！」という、〝不動の精神〟を持って進むことが大切です！

不動の精神の人は、一時的に立ちはだかった壁や障害を乗り越える術《すべ》も積極的に思いつくものであり、逆に、障害も逃げ去るものです！

また、不動の精神でいる人には、強力な協力者や、自分を助けてくれる人や、引き上げてくれる人や、天のサポートがタイミングよく現れるものです。

しかも、壁や障害が行く手を阻んだからこそ思いついたものが、むしろ、新たなチャンスの獲得となり、より大きな成功と飛躍へと導いてくれたりします！

どんな状況からでも、変化と進化と不動の精神をモットーに、価値ある仕事をするならば、天はあなたの人生に、大きな幸運と財運を与え、末永く繁栄させてくれるもの！

『大成功は、元亨利貞《げんこうりてい》に習え』

乾は大いに亨りて、貞《ただ》しきに利《よろ》し☆
これが最高訓！

ここでは、世に出て大成功をおさめんとする人のために、「帝王学」＝易経のもとになっている易の「六白金星」の卦の意味から、大切なことをお伝えしましょう。

なぜ、ここでもそれなのかというと、その「六白」＝「乾《けん》」の持つ意味こそが、「天」であり、その卦が二つ重なった「乾為天《けんいてん》」こそが、「帝王学」＝易経の伝える「国を治める者」（トップ、社長、リーダーの成功法則）の原点であり、要《かなめ》ともなる最高訓を教えているものだからです！

その「乾為天」＝「天」の性質を、そのまま自分の身に持つならば、「乾は大いに亨る」。つまり、「成功は、絶対に叶う!!」（あなたが国の、会社の、人々のトップに立てる）というわけです！

しかし、その教えには、「ただし」とあります！

〝ただし、あなたが、貞しい道を、行くならば〟という言葉がついているわけです。

「乾は、元亨利貞」＝〝乾は、大いに亨りて、貞しき（ただしき）に利し（よろし）〟とあり、これが「帝王学」であり、現在の「成功哲学」の「元」であり、「貞しい生き方」により「亨る」法則であり、それによって「利」という結果を得るよ！ということなのです！

これをしっかり読み込んだなら、気が引き締まるどころの話ではありません。自分の身をただすことがいかに重要なことかに、震えることになります。そして大いに反省すべきなり！となるしかなくなります。

しかも、その「貞しいか否か」を「天」はすべてお見通しであり、それゆえ、貞しくないならば、つまり、まちがった生き方ならば、すべて滅ぶことになりますよと、告げているわけです。

ではトップ、成功者、人の上に立つリーダーが、どうあれば天に通じて、物事が亨る、成功すると伝えているのでしょうか？

それは、あなたが成功したいなら、人の上に立ちたいなら、まず、剛健（心が強く、体は健康）で、健やかで、円満な性格で、かつ、気力・パワーを充満させた人でいて、「元亨利貞の徳」を身につけた人でいること。

また、良く学び、自発的に自己を磨き高め、行動することを惜しまない人でいて、聡明で、智慧（叡智《えいち》）のある人でいて、大きなことを成し遂げるにふさわしい見識のある人でいることです。

また、「元亨利貞」の「元」は人、天、という意味や、従うという性質を持っており、すなわち、それは、従順・素直・誠実というものを内包しています。

とりもなおさずそれは、天のごとくただしく、人に対しては「仁義」を尽くすあり方が大切であるということです。

人とのつきあいの中では、ゆずること、やわらぐこと、伸びることを大切にすること。

また、「利」を得るためには、道があるもので、その「利」を得る大前提は、「義」にあると、心得ておくこと。

その「義」とは、「我」と「羊」を内包しています。

つまり、羊の肉を食べたい！ そのあたたかい皮の衣を着てみたい！ というならば、まず、自分の力でちゃんと羊をしとめて、皮をはぎ、解体し、調理し、その肉を食べるのだということです。

決して、人の手柄で捕った羊を横取りして食べるのではなく！ まっとうな自分の努力や働きが必要ですよ、と。

いつでも、「利」を得るには、「貞しい道」があるのであり、それこそが、「利」という何かを得るための大前提であり、道なのです！

しかも、その羊を、自分だけひとり占めして食べるのではなく、他の人にも、飢えている人にも、分け与える優しさという「儀」（義理人情、人として大切なあり方）があってこそ、「利」は、「義」の、「和」となり、人も天もよろこぶ貞しさを得ることになる！ということです。

また、自分が、なにかひとつ、物事を達成したならば、慢心せず、おごらず、天狗《てんぐ》にならず、つねに、ふりかえりを行い、「本当に、これでよかったか」「他に方法はなかったか」「もっと良い策があったのではないか」「何かやり足りないことはなかったか」などと、大いに自己をかえりみて、内観・反省することが大切だと。

そうすることが、「謙虚さ」につながり、「誠実な行い」につながるのだと。

そして、**「謙虚」で「誠実」なものに、天は大きく報いてくれることになるのです！**

ここまで、ざっくりお伝えしましたが、本来、もっと、こんこんと厳しいことが「帝王学」＝易経には、説かれています。人の上に立つ者に対してのものですからねぇ～。

そもそもは。

さて、これは、余談ですが……。

2009年、高野山で得度したわたしは、その後、仏縁あって、あるお寺さまから、ご本尊の弁財天さまをお譲りいただいたことがあります。ありがたくも、現在、自宅でおまつりさせていただき、おつとめさせていただいているわけですが。

それを譲り受ける条件として、6か月間そのお寺に通い、修行するお約束となっていました。そして、尊い教えやお説法を聞かせていただくために、そのお寺様に通っていたのです。どういういきさつでそうなったのかというと、大阿闍梨様《だいあじゃりさま》いわく、こうでした。

「あなたが、ごく一般のふつうの方で、ただ弁財天さまに手をあわせたいというだけなら、〝ああ、良い心がけですねぇ〟で、済む話かもしれません。わたしも優しい言葉のひとつもかけましょう。

しかし、得度し、本を書き、人に何かを伝える立場にあり、経営者でもあるお方だと聞いたなら、そうはまいりません。

ここから、少々、耳の痛いこと、厳しいことも、しっかり申し上げますが、当然のことと思って、胸におさめて、日々、精進なさってくださいね」と。

そして、素直に「はい」と返事をし、6か月間、その通りにいたしました。

しかし、しかし、そこでわかったことは、厳しいとは、本当は、とんでもなく深い慈愛に満ちた〝貞しい道の教え〟であったということです！

6か月間、通うたびに、わたしはその慈愛に満ちた厳しさがありがたすぎて、わんわん号泣していたものです。こちらに愛がなくては、厳しいことは言えないものです。それゆえ、その、大阿闍梨様の大きな愛と、大切なお時間を、わたしに半年もの間、おわけくださったことが、涙が出るほど、うれしかったのです。

さて結果を得て、何者かになるには、いつでも「貞しい道」があるのだよと、口をすっぱくして、この「乾為天」は厳しく伝えています。

そのただしさとは、公明・正大であり、正直で誠実であり、「天にみられていても、ちっとも恥ずかしくない」という心と行動を持っていることに、他なりません。

また、「天」は、なにがあっても揺れ動かない存在であり、そのようにたくましいタフな心でいることの大切さを教えるとともに、自分より弱い立場にある者や、まだ何も持っていない者に対して、馬鹿にするような心を持ってはいけないと、していきます。

もっとも弱い者に、もっとも大きな愛と優しさを！　と。

そもそも、「帝王学」＝易経は、人間教育の要であり、貞しい生き方の教科書で、昔は王様の子どもの教育に用いられてきたとされています。

なぜ、王様の子どもに人間教育や生き方の教育が必要なのかというと、地位も名誉も財産も持ち、影響力もあり、人の上に立ててしまえる者が、まちがった考えや生き方でいれば、国は滅び、民はさ迷うことになるからです！

大きな力を持つ者には、大きな責任がともなうものであり、他のものたちに対して手本となる生き方を示すことがなにより必要であると、天は伝えているのです。いいも悪いも、まわりに、影響してしまうからです。

さて、「帝王学」＝「易経」は、天の教えです！

尊い教えの基準となるものは、いつも、〝揺れない・ブレない・不動のもの〟です！

そうあるから、本物なのです。

ちなみに、基準が、揺れ揺れのブレブレで、いちいちコロコロ変わったのでは、誰もついていくことができません。そんなものについていこうものなら、さ迷うことになるだけだからです。

第4章

運をひらく☆逆境を乗り越え、復活するために

辛いときこそ、希望のとき!
そのとき、すべき大切なこととは!?

『うまくいかないときは、水に習いなさい』

大自然は、包み隠さずすべてを見せ、あなたをより良く導いている

あなたのやっていることが、もはや、なにを、どうやっても、うまくいかなくなってしまった、前に進めなくなったというときには、「水」に習うことです。

大自然はいつも、「このとき、どうすればいいのか」を大自然の姿を通して、人間に教えてくれています。

たとえば、葉の上にたまった朝露は、やがて、葉からするりと流れ、ぽちゃんと川に落ちます。

その一滴のお水さんは、自分では落ちてしまったことをどうすることもできず、川

の流れに身をゆだねるしかありません。
途中、川の水は、岩にぶちあたったり、木の根の間をくぐったりします。また、その流れは、激しくなったり、おだやかになったりもします。

しかし、**水は、途中経過で何があろうと、抵抗することもあがくこともしません。ただ、素直に、川の流れに身をまかせ、流れるままについていくだけです。すると、突然、水は、大海に出ることになるのです！**

朝露のたった一滴という、小さな存在だった水は、いまはもう、キラキラ輝く海面をみせる大海そのものになったのです！

さて、これは何を意味するのかというと、「自分に力がないときは、水のように素直になり、自分よりうまくいっている人や、より大きな存在、信頼できる成功者に、ついていくことで、道が開く！」ということです。
一滴の朝露さんは、不本意にも下に落ちたのです。

しかし、同時に、「川」というもののふところの中にとびこんだわけです。自分より大きな存在である川というものに素直についていったわけです！

その、自分より大きな存在である川に、そう、すでに流れというものを知っているものに、物事の途中経過というのがどういうものなのかを知っているものに、どんな途中経過にも動じず前へ前へと進むいさましさを持っているものに、うまくゴールにたどり着くための術を持っているものに！

そんな大きな存在（本物）に、素直についていったから、小さな存在は、運気好転し、大成したのです！

たった一粒の朝露から、やがて大海に出ることができ、大海そのものになったのです！

ちなみに、「水」は、入れる容器が丸いなら丸いように、四角いなら四角いように、いかようにも自分を従わせることができます。

また、どんな隙間《すきま》にも、するりと浸透していくことができ、自分の居場所を持つことができます。

その「柔軟さ」と「抜群の環境適応力」を持っているからこそ、どんな場面をも、うまく切り抜けられるのです！

「水」のピュアな気持ち、途中経過を乗り越える辛抱強さ、うまくいっているものに素直に教えをこう素直さや従順さを持てば、ちっぽけな自分でも、再び流れていくことができ、やがて大きな海になれるのです！

『坎入《かんにゅう》☆天から、あなたへのメッセージ』

止まり・行き詰まる「坎入」のときこそ、成長する好機なのです！

さて、前項の続きで、ここでも、もう少し大切なことをお伝えしましょう。

うまくいかなくなったとき、たった一粒の朝露は、何も知らないまま、自分より大きな川という存在のふところに入り、素直にその流れに従いました。

そして、やがて、大海そのものになれました！


しかし、人間のあなたは、うまくいかなくなった理由を何も知らないまま、誰かにすがるようについていってはいけないのです。

うまくいかなくなった理由をちゃんとわかっておくことが大切なのです。というのも、その理由をわかっていないと、そこで止まったままになってしまうからです。成長しないままで終わるからです。

それまでは、自分の考えややり方で、なんとかやってこれたかもしれません。しかし、あるところまできて、「止まる」「行き詰まる」「それ以上先に進めない」「うまくいかない」という場合、必ずその原因があるものです。

その原因とは、〝実力不足〟（未熟さ）だと、「帝王学」＝易経は、伝えています。

そして、次のように、天の教えを示しています。

「うまくいかなくなったというのは、もはや、自分の考え、それまでのやり方では、〝通用しない〟ということ」だと。

それであるにもかかわらず、もし、自分はなにもまちがっていない！　こうなったのは、〇〇のせい！　と、誰かや何かのせいにして責任逃れしたり、世の中のせい！　環境のせい！　と、他のものに原因を押しつけているだけでは、成長がなく、なんの解決にもなりません。

自分は完璧《かんぺき》で、なにもまちがっていない!! ぜんぶまわりが悪い!! と言い、自分のまちがった考え方や、つたないやり方にのみ、こだわるというのなら、もう人も運も天もお手上げで、あなたを助けることができなくなります。

人生ここまできて、ぱったりうまくいかなくなったというのなら、ここからなんとか救われたいというのなら、そこでこそ、自己をかえりみるときであり、気づきを得るときです。

そのときこそ、水のように、素直に、柔軟になり、自分より大きな存在に教えをこうときなのです！

自分よりうまくいっている人、力のある人、見識のある人、成功している人、艱難辛苦を乗り越えすべてを叶えた偉大な人、そんな本物を見習うべく、ついていくことで、あなたは、その人たちのおかげで、より良い智慧や考え方や新しい発想や気づきを得ることができるわけです。

また、素直で、柔軟で、謙虚であれば、大きな慈愛に満ちたサポートを受け取ることもでき、それによって、また、前に進んでいくことができるのです！

ちなみに、「ついていけるような、そんな立派な人は、自分のまわりになど、ひとりもいません」というのであれば、すでに世に出て成功している人の本を読んだり、偉人の伝記を読んだり、気になる人・興味ある人の講座やセミナーに参加するのもいいでしょう。また、会社や取引先の社長と会えるなら、成功の秘訣を聞かせてもらうのも、ためになるでしょう。

実際、わたしなどは、20代の頃から、出逢った偉い人には、かたっぱしから成功の秘訣を聞いたものです。そのたび、彼らは本当に親切に、いろいろ教えてくれました。

ちなみに、この人は！という人に出逢い、教えをこうと決めたら、いちいち反論したり、抵抗したり、反発したりしないことです。むしろ、それまでの自分の未熟な考えややり方やこだわりはぜんぶ捨て、からっぽになって、真っ白になって向き合うことが大切です！

その「貞《ただ》しい姿」があってこそ、「亨《とお》る」のです！

そして、実は、「水」は、もうひとつ大事なことを教えてくれています！

それは、「この困難、この苦しみ、辛い状況からは、必ず抜け出せる！」「きっと、良くなる！」と、〃信じる〃ことの大切さです。

信じていないと、人は、つらい途中経過を乗り越えることができません。やがて良くなることを〃信じる〃からこそ、最後まで行けるのです！

さて、天は、いつも、わたしたちに「そのとき、いかに生きるのか」を大自然の姿を通して見せ、大切な教訓を教えてくれ、より良いほうへと導いてくれています。

そうやって天は、人間をこの地上に生み出したときから、この地上で人間たちが「うまく生きていける術」をも、同時にちゃんと授けてくれていたのです。

『不調なときは、こうする☆効果的な過ごし方』

日常のあなたへ天からお願いがあります☆
状況を悪化させないために

心身が不調のとき、物事や運気がうまくいかないときには、無理をしないことです。無理をしたからといって、早くよくなるわけではないからです。むしろ、絶対に、無理しないでください。

では、不調なときは、どうやって過ごせばいいのでしょうか？

答えは、この日常で、「あたりまえのことを、あたりまえにやる」ということです。そう、自分を慈しみ、かばいながら。

それがもっとも効果的な過ごし方だからです！

たとえば、ごはんをちゃんと食べる、食べるときは、味もしっかり味わう。お風呂に入って心と体をしっかりあたためる。しばしいやなことを忘れて、ボーッとくつろぐ。疲れているなら、早く寝る。

そうやって、明日の朝を快適に迎えられるよう、優しく自分を導くのです。

食べる・寝る・くつろぐ・目の前の仕事を淡々とする、そんな日常のあたりまえのことをちゃんとするのです。そんなことの大切さまで、「帝王学」＝易経は、しっかり伝えてくれています。

なぜ、そんなことまで、「帝王学」＝易経が伝えるのか？ そこには理由があります！

それは、不調のとき、人は、そのあたりまえのことをあたりまえにできなくなるからです！ それはある意味、とても怖いことなのです。

たとえば、不調の中にいるとき、人はそこにとらわれます。そして、ご飯を食べながらお金を工面することを考えて苦しんだり、やった失敗のことを悔やんで落ち込んで、食べたりするわけです。

すると、どんなにおいしいものが食卓に出ていたとしても、味など味わっていられません。それどころか、砂を噛むような苦々しい食事となるはずです。

また、寝ようとしているベッドの中で、いつまでも、明日の心配をしたり、未来を恐れたりするわけです。そんなことでは、気持ちよく寝つけるはずもありません。心配と恐れを抱えていては、安眠どころか、悪夢をみてうなされることにもなりかねません。

だからこそ、不調のときほど、あたりまえのことをあたりまえにすることを、大切にしなくてはならないのです！

どんな状態を抱えているのであれ、寝るときは寝る、食べるときは食べる、くつろぐときはくつろぐ、仕事をするときは仕事をする、そんなふうにふつうのことを徹底しているうちに、体と心は気力を取り戻し、リズムや流れをとり戻し、うまく不調から抜け出せるのです！

覚えておきたいことは、いつでも、天は、病んだあなた、不調のあなたを、優しく、そっと、自然体で復活させることに、意味を感じているということです。

ちなみに、かぜをひいて熱が出て寝込んでいるとき、「なんとしても、根性で治さなくては！」と、いちいち起きてきて、無理に動こうとする人、無理に出社する人がいるものです。

しかし、天は「いいから、寝ておいてくれ！ 頼むから、寝てくれ！」と、言っているわけです。

無理すると、たいがい、ろくなことにならず、あなたは無理に出社したことがたたって、状況を悪化させ、「やはり具合が悪いんで、あと3日、休ませてください」ということになるからです。

無理したら、そうなることを、天は、最初から知っているのです！

『「陰徳」を積むのを、楽しんでみる』

めぐる・流れる・授かる・救われる☆
そのとき、神秘の力が強力に働く！

ここに天が率先してあなたを導く素晴らしい威力を持つ行いがあります。
それは、「陰徳」を積むことです！
「陰徳」を積むことで、ふつうの日常もおだやかに、幸せに満たされるのはもちろん、不調・不運・悪運からは素早く抜け出せ、より良い生き方を叶えやすくなります。

その、「陰徳」を積むとは、陰で（人さまが誰も見ていないところで）、善行を行うことです。それが、どんなささいなことであれ、日常的に行うことで「陰徳」は積まれていきます。

この〝人さまが誰も見ていないところで〟が重要であり、それこそが不思議な神通力に通じるものであり、天の手厚いご加護に恵まれるものとなります！

また、**「陰徳」は、天に「徳の貯金」をしていることになり、その貯まった徳＝功徳が、何かとあなたの人生をタイミングよく助けるものとなるのです。**

ちなみに人の見ているところで、これみよがしに良いことをして見せつけると、徳にはなりません。人が見ていることを意識してやっても、そこにはエゴや計算が入ってしまいます。そうなると、なぜか摩訶不思議な力は、現れないのです。

いつでも天に通じるものは、「陰」という、つつましやかなものであり、そっと背後からなされる無償の愛と慈悲だけだからです。

さて「陰徳」を積むと、自分の心が洗われ、謙虚になり、目線が正しく戻ります。

また性格が温和になり、なにかと自分にまつわるすべてや、まわりの人との関係や、起こる出来事が、どんどん良くなっていきます。

そして運が良くなり、人生が崇高なものへと飛躍していきます！

ちなみに陰でなにかをしても、誰も見ていないと思うのは誤解です。あなたが陰でしている良いことは、やがて誰かが知ることになり、人があなたを認めることになります。１００歩譲って誰も見ていなかった！としても天が、神様が、必ず見てそのすべてを知っています！

とはいうものの、そもそも「陰徳」は、神様に見せつけるためにするものではなく、善行を行うこと自体が自分にとって清々しく、気持ち良く、快なのですがね。

「陰徳」を積んでいくことで、心が洗われ、清らかになると、自然に波動が上がります。すると人があなたを「変わったな」と、はっきりわかるようになります！

そしてより良く変わったあなたを見て、「チャンスをあげたい！」「いい人物につなげてやりたい！」「大きな仕事をまかせたい！」となりますし、あなたが困ったときには、「何とかしてあげたい」「助けてあげたい」「引き上げてやりたい！」という気持ちになります。そうして運がひらき、道がひらき、人生が好転するのです。

すべては、「陰徳」から引き寄せた神通力《じんつうりき》のおかげでしょう！

さて、「陰徳」を積むのがいいことだとわかりました。では、いったい、どんなことからやるといいのでしょうか？　見ていきましょう。

《「陰徳」を積む☆そのシンプルで素晴らしい行い☆》

◎自分ができる親切は惜しみなくやる

◎誰かが道で困っていたら、ちょっと手助けする

（荷物がいっぱいでエレベーターのボタンを押せない人のかわりにボタンを押すということなど、とても小さな親切でも効果は絶大!!）

◎バスや電車や待合室などで席をゆずる

◎コンビニや神社やお寺やその他、募金箱などを見つけたら、

10円や100円でいいので寄付してみる
◎玄関の履物をそろえる
◎トイレのそうじをする（誰もやりたがらないことを率先してやる）
◎食べ物を粗末にしない・お金を大切に扱う・物を大事にする
（運が落ち、人生がうまくいかなくなると、食べ物・お金・物に困るもの。それゆえ日頃から大切にしておかなくてはならない）
◎親孝行する・子どもを大切にする
◎兄弟姉妹、仲良くする
◎先祖や神仏に、感謝を持って手を合わせる
◎自分を生かしてくれているこの地球上のあらゆるものに感謝する！
また自分自身にも感謝し、大切にする
……などなど、どんなささいなことでもＯＫ！

「陰徳を積む」とは、〝見返りを求めない〟〝代わりの何かを期待しない〟〝人に対するなんの操作も要求もない〟、ピュアな気持ちでする行為です！

それこそが、ふつうの暮らしをより高め、不調・不運・悪運から抜け出し、素早く運をひらくものとなるのです！　そして人生の悪因を解除し、善因を積んでいき、根底から開運するには、「陰徳」を積むしかないとさえ言われています。

ちなみに、「玄関の履物をそろえたくらいで何になるというのだ!?　そんなことくらいで」という人もいることでしょう。

しかし、わかっておきたいことは、履物をそろえたから何かが起こるということではありません。そのささやかな〝善行の習慣〟が、やがて大きな善行を行う人へと高め、その人を何者かにし、大成させてしまうということです！

また、その「陰徳」の貯金である功徳は、はかりしれない恩恵力を持っており、あなたのみならず、子や孫の代までいき渡るものとなります！　子孫も大きく幸せになれるわけです!!

「帝王学」＝易経には、次のような言葉があります！
「その謙虚な行いを続けていくことで心が洗われ、高まり、偉大な人格者となり、素晴らしい結果を世に生み出す人になる」と。

さて、ここでは、ついでに覚えておきたい「陰徳のための心得」もお伝えしておきましょう。

①ためらいなく、すんなりやれることを無理なくさせていただく
②行った善行に対する見返りや報酬を一切、期待したり、望んだりしない
③自分が施した陰徳行為は、すっかり、さっぱり忘れること
（いちいち覚えておいて、「してやった！」と、恩着せがましい気持ちでいたり、何かをしてあげた人にそういうセリフを言わないこと）
④他者から純粋な心で差し出された「陰徳」は、ありがたく受け取らせていただく。むやみに愛ある行為を断ったり、踏みにじったりしない
（というのも、それは、その人が高まるチャンスを奪うことになるから。素直に感謝し、受けさせていただくといい）

この「陰徳」を積んだ功徳は、天から降りてくる際、あなたのもっとも困ったときに、もっとも大きなサポートとして現れることが多いものです！ その際の救われ方は半端ではなく、超☆奇跡的で感動的!!

思わず天に向かって、手をあわせたくなりますよ。

ちなみに友人同士でコンビニに立ち寄った際、その中の誰かが募金箱に何気なく100円入れたのをたまたま見た人が、「あら、たった100円なの!? わたしはいつか100万円寄付しようと思っているの」と言い、そのささやかではあるけれど大きな愛の行為をバカにする人がいたりします。

そして、そのとき、そのセリフを聞いたまわりの友人たちが、「すごい!! あなたは100万円の寄付を考えていたなんて！」と称賛することがあります。

しかし!! わかっておきたいことは、〝大口をたたくだけ〟なら意味がないということです。

もっとも偉い人は、「実行した人」です！
その100円を何気なく、すんなり習慣として寄付できてしまう人のほうです！

「帝王学」＝易経の中には、こんな言葉があります。
「実践してこそ、法も動く」と。

『親を大切にする☆』

たったひとりでいい☆
そのひとりが、あなたを救いだす天となる！

前項の「陰徳」を積む行いの中に、「親孝行する」というのがありますが、それは、とても大切な要素です！

それは、ただ、「そうしたほうがいいよ」という程度の気持ちでお伝えしているのではありません。

「陰徳」を積んでおくと、この人生で困ったとき、親が、「天」に代わるものであることを実感するような、すごい場面にあうことがあり、そのありがたみに大きく助けられ、感動することになるからです！

たとえば、人生がうまくいかなくなったり、どん底になったり、逆境に入ったとき、あなたの日ごろの行いや人づきあいが悪ければ、人は、一気に、あなたから去ります。
それに、運が悪くなったとき、なかには、親友に裏切られたり、パートナーと別れたり、仕事を失ったり、お金に困ったり、食べるものに困ったり、生きていくのもままならなくなることも、あるからです。

そうしたとき、誰が助けてくれるのか？　というと、「親」しかいません。
親しか、困窮したあなたを助けることができないのです！

兄弟や姉妹では無理です。それぞれの生活を持っていて、自分ひとりで精いっぱいだったり、家庭を持っていたりすると、あなたをなかなか助けることができません。
しかも、兄弟姉妹の仲が悪いと、もう、アウトです。

しかし、親だけは、自分が困ることになったとしても、可愛いわが子のためなら、どんなことでもして助けてくれます。それほど、ありがたいのが親なのです。

もし「私の親はすでに死んでしまっていて、もうこの世にはいません」という場合は、たいがい、親代わりになるくらい懐が大きく優しい親戚《しんせき》の人や会社の社長などが、あなたを助けてくれるか、天がとても神がかった状態で、思いもよらぬ人をあなたの人生に投入し、すごい助け方をしてくれるものです!!

とにかく、困ったときに、人さまの助けを受けられないいくらい人づきあいの悪い人や、日頃から〝人としてどうなのか〟と思われるような、他人から距離を置かれる人は、ほとほとまいるわけです。

とはいうものの、ときには、こちらがいくら善人であったとしても、世間が知らぬ顔をすることもあるものです。不調のときというのは、そういうものなわけですが。

しかし、そういうときでも、「親」だけは、別なのです!

この地上では、親が「天」の働きをしてくれているのです。無償の愛であなたを生み育ててきた親だけは、どんなことがあっても、決して、あなたを見捨てることはありません！

そして、天もまたしかりです！

しかし、日頃から親に悪態をつき、仲が悪く、絶縁していて、親にさえ助けてもらえないとなると、致命的です。

ちなみに、**この世の中には、たくさんの味方は必要なく、たったひとり、あなたのことをわかってくれる誰かがいればいいだけなのです。すると、そのひとりを介して、救われる道が無数にひらくからです！**

その、たったひとりという、もっとも近い存在こそが親であり、それゆえ「陰徳」の中に、〝親孝行をする〟という項目があるのは、もっとも大切なことだからなのです。

『幸せは家庭から☆それが天の望み』

ステキな家族のつくり方☆
あなたの家では、なにが起きている？

「帝王学」＝易経の中には、人間教育の根本・幸福の根源は、家庭にあり！としています。家庭の中が和合調和し、平和で幸せなものでないと、社会もそうならないものだと。そして、家族間の乱れが、そのまま社会の乱れに通じるものとなるのだと。

それゆえ、大切になってくるのが、親子の関係でしょう。

家庭においての「天」となる〝親〟が、正しい心で、慈愛を持って、子どもを育んだなら、その〝子〟は、必ず、それを自然に受け取り、慈愛に満ちた子になります。

そこでもっとも大切なことは、親が、人としてのなんたるかや、道徳性をちゃんと身につけ、それをわが子にも、しっかり伝えることだと、「帝王学」＝易経は伝えています。

それは、何も難しいことではありません。ある意味あたりまえのことです。

たとえば、自分を大切にする、素直でいる、優しくある、誠実でいる、親切でいる、人を大切にする……そんなことを、親から子へ、言葉だけでなく、親がまず、子に生活態度を通して伝えるということです。

口だけで何かを偉そうに言う親になるのではなく、その姿やふるまいをちゃんと示すことが大切だということです。

また、癒しあう、支えあう、助けあう、協力しあう、励ましあう、なども。

そして、愛すること、許すこと、自分を通してできることがあるなら、微力でもなにか人さまに役立つこと、なども。

そういう大切なことを自分の背中をみせて、親は子を育むことで、良い親子関係も、良い家庭も、自然に成り立つわけです。

たとえば、わが子に優しい子になってほしいというとき、「優しい子になってね」と、子どもに言葉で伝えるということではありません。

言葉だけでそう言ったところで、親自身が近所の誰かの悪口を言ったり、人をいじめていたりしていては、はっ？となるものです。

「優しい」とはどんなものかを、子どもが小さい頃から、親が実際に自分の態度で示して、見せていないと、子どもは優しさを学べません。

たとえば、小さい子がギャーギャー泣いているときに、「はい、ママの携帯を触らせてあげるから、これで遊んで」と、自分の携帯電話を貸してあげるのが優しいことではありませんよ。

泣いているなら、まず、「どうしたの？なんで泣いているの？ママに教えて」と聞き、抱きしめるなりして、落ち着くのを優しく見守ることです。すると、優しいそのママの態度に、もう、それだけで泣きやんだりします。

こんなことまで書かなくてはならないくらい、昨今、泣いている子に携帯を渡して、気を紛らわせて、ごまかして、その場を過ぎさせる親がいるのを、街中でよく見かけます。そんなことをして、だましだまし、何かをごまかされ、まちがった対応をされて育てられた子は、精神的にも混乱しますし、何が正しいことなのか、わからない子になってしまいます。

それは、とても怖いことです。人間不信にもなりかねませんし、自分が大人になって子どもができたとしても、正しいあやし方がわからないものです。

さて、これは、うちの長男がまだ幼稚園のときのエピソードです。運動会の練習をしていたとき、担任の先生が転んで、ひざをすりむき、血を流したことがありました。するると、それを見た長男は、すぐに先生のところにとんで行き、自分のハンカチで、先生の血をふいたといいます。

そのとき先生が、「いいよ、ヒロくん、そんなことをしたら、ヒロくんのハンカチが汚れちゃうから」と、手をのけようとしたら、長男は、先生にすかさずこう言ったのです。

「ハンカチなんか汚れてもいいんだよ。ボクがころんでケガをしたとき、ママはそう言って、血をふいてくれるから！」と。

そして、長男は、先生が泣かないようにと、しばらく背中をトントンしてあげていたそうです。

その話を、後日、聞かせてくれた先生は、こう言っていました。

「ヒロくんは、お母さんからたくさん優しさをもらって、その優しさをいつもちゃんと心で見ていたんでしょうね。だから、同じことをなんの躊躇もなくできたんですよ。

そして、わたし、気づかされました。言葉だけでなく、ちゃんと身を持って優しさを体験した子は、こちらが何も教えなくても、こんなに優しいのだと。

そして、反省したんです。わたしはいつも、教室の中で、〝みんな、お友達に優しくしてね!!〟と、口だけで言っていました。わたしが先生として、優しさをうんと園児に差し出して見せないと、誰もお友達に優しくなんてできなかったのです。

お恥ずかしいことですが、わたしは毎日、教室で、こう怒鳴っていたんです。なんで何度言っても、お友達に優しくできないの!! と、怖い顔をして。

本当に、反省しました。小さなヒロくんに、本当の優しさを教えられました」と。

子どもは、言葉でなく、大人の態度を見て、されたことをそのまま学ぶ！

さて、家庭の中は、難しい教育ばかりする必要はありません。基本、楽しく、ハッピーでないといけません。

こんな習慣がある家庭なら、最高でしょう。

そう、おもしろい冗談を言いあえる家庭、笑い声がたえない家庭、良い話に花を咲かせる家庭、ありがとうと感謝の言葉がとびかう家庭、良いことはほめたたえ、良くないことはそうではないときちんと教えあう家庭、悩み事を相談しあえる家庭、何かあったときには家族一丸となって助け合える家庭、など。

そういう家庭は、吉的エネルギーが充満し、いいことを惹《ひ》き寄せ、吉報が舞い込み、お祝い事やめでたいことがよく起こる「幸福繁栄」を叶える家になるでしょう！　そして、もし、どこの家庭もそうなるならば、社会はもっとハッピーになることでしょう！　まさに、それを、天も、望んでいる!!

第5章

天の扉をひらく☆救いと恵みの秘密

ここから、どんどん良くなる！
新しい人生へとうまくシフトする！

『どん底から抜け出す方法』

超☆開運のはじまりは、いつもお先真っ暗!?
こうして出口へ進む

もし、いまのあなたが人生のどん底を経験し、お先真っ暗な状態にあるとしても、どうぞあまり心配しないでください。

というのも、「陰きわまれば、陽になる」で、どん底まで落ちたら、あとは、上がるだけだからです！

たとえば、太陽は、西に完全に沈んで地上から姿を見せなくなって暗闇をつくり出したら、次は夜明けを迎えるべく再び昇ります！

落ちた太陽は、また昇るのです。また、寒い冬のあとには、必ず、あたたかい春がくるのです。それが、天の摂理です！

それゆえ人生も、どん底の底までいったら、あとは上に上がるしかなく、どんどん良くなり、運気上昇していきます！

ちなみに、「太陽が完全に沈み込んでいる状態」は、闇夜であり、暗黒のときです。それを人生にたとえると、どん底であり、〝お先真っ暗な状態〟にいるというときであり、まだこの手に何ひとつ善きものを持っていない！　というときでもあります。しかし、嘆き悲しんでいるときではありません。

そんなときこそすべき大切なことがあると、「帝王学」＝易経は、伝えています。では、いったい、何をすればいいのでしょうか？

それは、「希望をつかむこと」です！

そうお伝えすると、なかには、こんなふうに言う人もいるかもしれませんね。

「こんなお先真っ暗な状態のときに、希望なんかつかめません!」と。

しかし、**「帝王学」=易経は、「希望」は、〝真っ暗闇のどん底〟でしか見い出せない〝かけがえのないもの〟だとしています。**

むしろ、お先真っ暗な状態にいる人にしか、つかめないものだと。

というのも、「希望」というのは、光だからです!

それは、光であるがゆえに、たとえ、針の先ほどのか細いものであったとしても、まっ暗闇の中にいる人には、はっきり見えるもの、つかめるものなのです!

むしろ、明るい中にいては、まったく見えなくなるものです。

とにかく、「希望」は、見つけた瞬間、キラッと光るので、それがそうだとすぐにわかります!

その「希望」というのは、「ここから抜け出したら、こうしたい!」「いま、この状態でも、〇〇くらいならやれそうだから、やってみたい！」「本当はこうしたかった！」「ここから、こうなりたい！」「あれを叶えたい！」という、なんらかの望みや、夢や願いや、善なる欲求から、生まれます！

あるいは、すでにあなたの中に秘めていた思いを、もう一度、思い出すことで、つかめます。とにかく、その状態の中でしか芽生えなかったであろう新たな考えや発想にフォーカスするだけでいいのです。

それは、あなたに注目されたとき、心の中で、ピカッと光り、「希望」となるのです！　そのとき一瞬、心にあたたかい火が灯《とも》り、なぜかほっとする気持ちになります。あるいは、わくわく、ぞくっと、高揚するものです。

そして、**その「希望」の光は、たとえ、どんなにか細く、か弱い光であっても、その小さな光こそが、あなたの足元を照らし、導くものとなるのです！**

だから、「希望」の光をつかんだら、こう思いをはしらせることです。

「これを叶えるために、何からはじめたらいいだろう」「これをうまくいかせるのに、どんな方法があるだろう」「いまの自分のままで、何かできることはないか？」と。

すると、その思考が、あなたに気づかせるべきもの、つかませるべきもの、生み出させるべきものをつかませ、どんどん視界や足元を照らすことになり、どん底からの脱出へのスピードを加速させます！


まさに、「希望」こそが、あなたを出口へと直行させ、運命好転を叶えるものだったのです！

そして、暗闇から出た瞬間、あなたはまばゆい光の世界に放り出されると同時に、より高い人生という別次元へとシフトするのです！


わかっておきたいことは、いつでも、先の見えない状態、どん底にいるときに、そこで、何を、どう考え、どうしたかで、人の運命は決まる！ということです。

『ん？　あれ？　が異変のサイン』

おかしなことに気づくその感性が、大難を小難に、小難を無難にする

さて、前項では、『どん底から抜け出す方法』ということについて、お伝えしました。

そして、それ以前の話として、ここで忘れずにお伝えしておきたい大切なことは、〝人は、いきなり、どん底に落ちることはない〟ということです。

つまり、**天は、いきなり、あなたを奈落《ならく》の底に突き落とすような、そんなえげつない残酷なことは、絶対にしないということです！**

それどころか、慈愛に満ちた天は、あなた自身や、あなたの人生に、何かしら、よろしくないものがあって、あなたがよくない方に向かいだしたときや、運が落ちそう

なときや、人生の雲行きが怪しくなってきたときには、すかさずそこからあなたを素早く救うべく、さまざまな現象を通して、あなたに必要な注意喚起をしている！　ということです。

たいがい、どん底へ行くまでには、数々のサインがあったはずです。

それは、「ん？」「あれ？」「おかしいなぁ」「どうしよう……」「困ったなぁ」「やばいぞ！」「このままではいけない！」「なんとかしなくちゃ、大変なことになる」「助けを求めるべきではないか!?」というような、異変のサインが!!

そういったものが、自分の中に、人生の中に、ちょこちょこあったはずなのです。

では、そんなサインがあったにもかかわらず、なぜ、その人は、どん底まで落ちてしまい、つらい状況に陥ってしまったのでしょうか？

答えは、その異変のサインを見たものの、気のせいにしてあとまわしにしたり、すぐに対応しなかったり、かかわらないようにしようとずっと無視し続けてきたからです！　そして、ようやく、何とかしようとした際には、手遅れになっていたということなのです。

ちなみに、本来、物事は突然、悪くはなりません。

天は、いつでも親切で、あたたかく優しく、思いやり深い存在であり、あなたのかかわる物事の被害が〝小さく済むうちに〟、ちゃんと異変をお知らせしてくれているわけです。

その天のサインは、最初小さく、だんだん大きく、知らされます！

けれども、その天の声は、必ず、あなた自身の中や、かかわる人間関係の中や、かかわる物事や出来事の中に、不快な点、おかしな点、改善すべき点として、ちゃんと、示してくれていますから、そのときそのつど、ちゃんと向きあっていたら、大ごとにはならなかったということです。

それがなんであれ、どこか、何かに、異変を感じ、いやな感じがしたり、気になることがあったりするなら、それを無視せず、気のせいにせず、「迅速対応」することが重要!!

異変に対して、「迅速対応」し、必要なアクションを起こし、改善することで、そこでなにが起こっていようとも、大難は小難に、小難は無難にできるからです!

いつでも、問題をふりかえってみたら、自分でも、もしかしたら、「あのことのせいで、こうなっている」とか、「このことを○○しないと、大変かも」と、察することができた何かがあったはずなのです。

たいがい問題が発生した時期のまわりに原因があるものです。

さて、いつでも、天は包み隠さず、正直に、あなたにすべてを見せ、必要なことを教えてくれています。

天は、親切で世話焼きなので、あなたが気づき、それに対応するまで、あらゆるサインを出し続け、なんとか気づかせよう、そこから救おう、軌道修正しようとしてくれます。

なかでも、胸騒ぎというのは、天からの重要サインであり、本来、絶対に無視してはいけないものです。

そういった、サインをキャッチするには、自分の内なる声を聞く習慣、まわりの気配を察知する力、物事を良く観察する力が必要なわけですが、それは、何もむずかしいことではありません。

というのも、「ん？」「あれ？」「おかしいなぁ」に、素直に、すぐに対応する自分でいたらいいだけだからです！

『すっきり開運できる人・塞がったままの人』

運がひらけないのは、何のせい？
その、超あっけない真実をみる

運が落ちたところから、また、運を良くして、人生を引き上げていこうというのなら、ある心的態度が重要です。

それは、

「きっと、ここから、良くなる！」

「どんどん運は良くなるはず!!」

「もう一度、わたしは復活できる！」

「絶対に、天は（神様は）、わたしを守り、導いてくださる!!」

と、そんなふうに〝良くなることを信じる気持ち〟を持つことです！

絶対に、「ここから、良くなる！」と、信じて進むと、たとえ、その時点では厳しい状態であったとしても、必ず信じたごとく、そうなります！

そして、この気持ちがあるかどうかの違いが、「すっきり開運できる人」と「塞《ふさ》がったままの人」の大きな違いなのです。

たとえば、「塞がったままの人」は、ちょっとよくない状態に陥ると、すぐにこういう心的態度を示すものです。

「ああ、もう終わりだ」「きっと、良くならないだろう」「わたしはなんて運が悪い人間なんだろう……」と。

そして、そんなことを思い込んでいるから、不本意にも、そんな方向へ自分を追いやってしまうことになるわけです。

さて、「帝王学」＝易経から派生した運命学では、こんな教えがあります。

「運が悪いときほど、強い意志の力が必要だ」と。とりもなおさずそれは、「絶対に、ここから抜け出してみせるぞ！」という強い意志であり、「復活する覚悟」です。

どうして、そのような、強い意志＝覚悟が必要なのかというと、それがないと、人は、いともかんたんにその悪運にひれ伏し、甘んじて受け入れてしまう人になるからです。

意志が弱いと、やってきた不運や悪運に、まず、〝気〟で負けるのです。

それゆえ、〝気〟で負けないために、勝つために、不運・悪運の中にいるときほど、絶対にそこから抜け出し、復活し、再び元気に活躍する運のいい人になるという、強い意志＝覚悟が必要なのです。

覚悟のあるところには、不運・悪運は、留《とど》まることができません！

いつでも、自分の運が、人生が、良くなることを信じている人、自分の人生、こんな悪いもののはずがない！と思える人、絶対自分は守られているから大丈夫！と信じられる人、猜疑心《さいぎしん》がない人がすべてを乗り越え、開運する人なのです！

『一陽来復☆幸運の前兆サインは、これ！』

いよいよ運がひらき、道がひらき、すべてが良くなる☆
その現象

なんとなく止まっていたような自分の人生が動き出し、徐々に幸運の中に入っていくという、時期がきたとき、「時」は、あなたに、そのときがきたことを、あなたの気持ちやまわりの気配を通して、さまざまに教えてくれます。

たとえば幸運へと突入する際のサインとして、次のようなことが起こります。

《一陽来復《いちようらいふく》☆幸運の前兆サインは、これ！》

★「あなたの中に現れる」幸運の前兆サインは、これ！

・なんだか、心の中から苦しいものが抜けきっていて、心に痛みがなく、優しい
・最近、おだやかでいられることが多く、
　春風のようにあたたかい心で、落ちついている
・特に何かいいことがあったわけでもないのに、満たされた気分でいられる
・ふつふつと、やってみたいことが自分の中で芽を出し、それを見つめることや、
何かをプランすることが楽しい
・がんばらなくてもいい、このままの自分でできることをしっかりやればいい、と、
そう素直に思え、無理なく前に進める自分がいる
・怖いものがなくなっていることに気づいた
・他人は他人、自分は自分で物事を受け止められ、他人のことが気にならなくなっ
たし、自分のことに専念できる自分がいる
・心は軽く、足取り軽く、外出するのも楽しい
・いろんなことに興味がわき、なんとなくいつからか生きるのが新鮮になった
・ひとりで、神社仏閣に行くのが楽しく、満たされる
そして、行った神社などで、よく結婚式を見るようになる

・ふつうの幸せがどれほどありがたいことか、そんなことに感動している
・笑顔が増えた、安堵が増えた、感謝が増えた！
・鏡に映った自分を見て「ああ、もう完全に抜けている」と、運気がより良く変わったことが、感覚的にわかった！

★「あなたのまわりに現れる」幸運の前兆サインは、これ！

・どうしてるの？　という昔の友人や知人からの連絡がポロポロくる
・電話やメールやラインがよく来る！　そんな感じで日常に心地よい音が多くなる
・街に出ると、なんだか人が優しい
・仕事や企画のプレゼンや商談などに行くと、相手が柔軟に対応してくれることが多く、なにかと通りやすくなっている
・会う人が、やたらとおみやげやプレゼントをくれることが、とても多くなる
・仕事や何かしらの依頼が増えはじめる！
・まわりが自分を受け入れたり、求めたりする感触が、とても優しく、あたたかく、好意的であるのを、肌でハッキリ感じる

・まわりのあたたかいムードの中で、そのまわりの人たちや、天、神様、仏様、守護霊さまなど、背後の大いなる存在たちが、自分を手助けしよう、サポートしようとしてくれているのをひしひしと感じ、涙があふれる

・ここからの人生に、なんだかいい予感を感じずにはいられない♪ という状態になる

では、なぜ「天」は、このようなことをあなたに教えてくれるのでしょうか？


ズバリ、それは、あなたの人生に、運命に、春がきたことを知らせるためです！

そして、いまこそ、思いのままに前進せよ！ と、活気づけるためです！

つまり、「冷え切っていた人生が終わり、ようやく、あなたにも春がきたよ！」「いまこそ、動き出しなさい」「ここからこそ、人生が盛り上がりを見せ、ますます幸せになれるよ♪」と言いたいためです。

そして、「ここからこそ、まわりに、社会に、すばらしい願いや夢の〝種蒔き〟をして、さまざまなチャンスをつかみなさい。そうすれば、ここから成功も加速し、実り多き人生がやってきますから！　思いもよらぬ幸運のプレゼントがどっさり用意されていますから！」と。

まさに、あなたの人生に、「一陽来復」＝春がきたことを、天は知ってほしかったのです！

たとえば「春」がきたことを知るからこそ、冬眠していた熊も外に出て、活発に動けるというものであり、まさに、あなたも、もう沈んでおらず、引っ込んでおらず、表に出なさいということなのです。

あなたにとっては、いまこそが、なにをするのも「いいタイミング」だよ！と。

人生の春というあなたを包み込む環境が優しく良いものであるときは、どんどん思いや行動を通すために、種蒔きして吉。それは「時中《じちゅう》」（適切な時）だからです！

「帝王学」＝易経は、「時中は、亨る」としており、まさに、人生の春だからこそ、あなたは世間に受け入れられ、前進していけます、成功していけますよと、教えてくれているのです。

天は、いつでも、適った時期に、適った人を、世に出すわけですが、そのきっかけをつくる時期こそが、その人の人生の春なのです！

『〝新しい人〟を招き入れ、開運する♪』

新しい人とはどんな人!?
その人が運んでくるのは、想像以上の幸運！

ここからの毎日に良い変化をもたらし、人生を引き上げ、開運するためには、あなたの人生に〝新しい人〟を招き入れる必要があります！

というのも、**〝新しい人〟が入ってこないと、運命は変わるチャンスを持てないからです。**

考えてもみてください。いつも同じ人たちとつるみ、同じ会話をし、同じ景色を見て、同じ価値観で同調しあっていたら、どうなるでしょうか？　成長も止まるというものです。運も代わり映えしないものです。

いつでも、良い変化、感動的な変化は、それまで自分の世界にはいなかった人たち、魅力的な新しい人たちから、もたらされることになります！

では、ここから招き入れたい、その〝新しい人〟とは、いったいどんな人なのでしょうか？　それは、次のような人です！

《開運のきっかけとなる新しい人の特徴☆》

◎あなたがこれから叶えたいとする高いビジョンに合う人
◎あなたの知りたいことをもっとよく知っていて惜しみなく教えてくれる人
◎あなたの知らなかったことで興味を持てるものをたくさん持っている人
◎あなたに元気や勇気や励みをくれる人
◎会うだけでパワーをもらえる人
◎見習いたいところがたくさんある人
◎尊敬できる人、信頼できる人

◎互いに、認め合い、高めあえる人
◎許しあえ、癒しあえ、支えあえる人
◎一緒にいるだけで、楽しい人、ハッピーになれる人♪
◎高いバイブレーションで共鳴できる波動の高い人
◎共に成功し、昇っていける人
……など。

こういう人たちは、あなたにとっての宝物であり、何よりも「人生の財産」になります！　そういう人たちをあなたが自分の人生に招き入れるとき、あなたはさらに良い刺激を受けることになり、かんたんに高まることができ、波動を上げることができ、超開運できるもの！

では、そんな人たちと出逢うには、どうすればいいのでしょうか？　どこに行くとつながることができるのでしょうか？

それは、あなたの心の向く場所、興味のある場所、素敵なビジョンがある場所、よろこびのある場所、わくわくする場所、夢のある場所などに行くことで、ごく自然に出逢うことになり、つながることができます！

また、ときには、興味ある本、わくわくする本を通して、気になる講座やおもしろそうなセミナーを通して、そこで出逢った著者や講師や、隣の席にすわった受講者や、なんとなく気になり興味を持って名刺交換した人や、素敵だなぁと思って自分から話しかけた人として、出逢うこともあるでしょう。

人が人生の宝物になるのは、神様が出逢わせてくれた人だからです！

そして良い人との出逢いのおかげで、見習うこと、取り入れたいこと、めざしたいもの、憧れ、あるいは、気づかされること、発見すべきことがあり、それがあなたをより一層高め、魂を光らせるものとなるのです！

人は、いつでも、人によって磨かれるのです！

ちなみに新しい誰かが、興味深く目の前にやってきたということは、いよいよ〝運命の時〟が、〝神様〟が、動き出したということです！

あなたの新しい運命のために幸せのために！

そして、そこから何か、想像もしていなかった出来事が起こりだすのです！

うれしい何かが！　感動的な何かが！

その、新しい運命的なその人は、こちらに、受け入れる準備ができたとき現れます！

それゆえ、いますぐ受け入れてもいいのです！

『順調期にこそすべき、大切なこと』

適ったときに、適った場所で、適ったことをし、
収穫大で生きる術

あなたが、順調で、幸運で、なにかとうまくいき、運が盛り上がっているときは、そのいい流れに乗り、可能性やチャンスをひろげ、望むものに向かって、積極的にどんどん進んでいってください。

そのとき、決して、躊躇したり、やれやれと腰を下ろしたりして、流れを止めたりしないでください。

物事は、流れているとき、なんでもよく通り、おもしろいほど拡大し、吉的現象を巻き起こし、いくらでも良い結果をくれるものです！

この良い状態は、大自然の摂理で、やがて下降するものであるからこそ、良い状態にあるときに、めいっぱいしておきたいことをしておくことが大切なのです！

順調で、幸運で、なにかとうまくいき、運が盛り上がっているとき、あなたは多くの良きものを手にすることになります。

たとえば、願っていた仕事、大きなお金、夢を叶えるために必要なもの、あなたをさらに引き上げるキーマン、素晴らしい仲間やパートナー、そして、幸せなことで忙しい状態と、よろこばしい結果の数々!!

しかも、良い状態にあるとき、あなたは自信がつくので、自分を信じることがかんたんになり、インスピレーションやひらめきを受けやすくなります。

そして、「いまは、こうするといい！」「次は、あそこに行こう！」「あの人に会って、話をきこう」「企画のテーマは、これだ！」というように、いろんなことがわかります。

そして、適ったときに、適った場所で、適ったことをし、思い通りの結果を得るのがうまくなります！
また、活躍しているあなたに魅了され、多くの人が集まります。そして、本意・不本意関係なく、絶好調なときは、目立つものです。

その際、それゆえ、注意しておきたいことがあります。
それは、やっかみをかわないこと・足を引っ張られないこと・嫉妬《しっと》の標的にされないことです。

順調で、幸運で、なにかとうまくいき、運が盛り上がっているときだからこそ、注意しておきたい大切なことをここでお伝えいたしましょう。

《順調期・幸運期・盛大期☆このとき、注意すべき大切なこと☆》

・流れを自ら止めないこと。流れていっているものはそのまま沿うこと
・よろこびは、「やったー!!」と両手放しになるのではなく、

「よっしゃ！」と丹田に落とし込み、腹でよろこぶ

・良い状況をむやみに人に自慢しないこと
・絶対に、人と、もめないこと
・もっと！もっと！とか、あわよくばという考えは捨てること
・おかしな投資話にくらいつかないこと
・言葉巧みに近づいてくる人には用心する
・悪者は相手にしない
・不誠実さや、嘘偽りやごまかしが、ちらっと顔を出すものにはかかわらないこと
・いやな人には、おだやかに静かに立ち去っていただくべく、いやな人にこそ親切にし、忙しいということを理由にし、相手を自分に近づけないこと
・いいときこそ、謙虚になり、感謝を大切にする！
・恩がある人には、報告やお礼を♪
・後に続く人の手本となる生き方をしておく
・天の摂理として、絶頂期のあとは、必ず下降期がくるということを知っておき、下降しきる前に、次のチャンスやステージに移る準備をしておく♪

・自分にツキがあり、運があり、力があるときは、ちょっと手を差し伸べたら飛躍できそうな人を引き上げてあげる

……など。

こういったことに気をつけていれば、運が急に落ちることもなく、他人におとしいれられることもなく、いい状態で、よろこばしく幸運をキープできます！

『未済《みさい》は、亨る』

太陽が語る真実☆
そこには未済だからこその素晴らしい人生がある！

この世の中には、ときに、こんなことを言う人がいるものです。

「未熟な自分を卒業して、早く完璧な人になりたい！」
「早く成功して、ずっと頂点にいる人でいたい！」
「成功して、お金持ちになって、安定した人生を築きたい！」
などと。

しかし、完璧も、完成も、頂点も、安定も、ないのです。

「帝王学」＝易経は、こう伝えています。「未済《みさい》は、亨《とお》る」と。

未済とは、まだ終わっていない、ということです。つまり、あなたやあなたの物事が、すべて未完成だからいいのであって、完成とかいうのは、本来、ないのですよ。というのも、天の働きは、〝動いて止まないもの〟であり、〝陽極まれば、陰に転じる〟であり、〝時は刻一刻と変わるもの〟であり、この世のすべてのものが、変化しながら、進み、上昇し、運ばれていくだけだからです！

しかも、あなたという人間が、未済（未完成、まだ終わっていない）の存在だから、何かに気づき、学び、より良くなり、成長することができるのです。

また、物事が、〝絶対に、これでいい‼〟という完成がないからこそ、その物事に創意工夫や改善が生まれ、物事はより良くなっていけるわけです。

それを、天は、わたしたち人間に言うだけでなく、そのまま太陽の姿として、その意味深さや生き方のなんたるかを見せてくれています。

太陽は、朝、昇ると、そのまま南中に向かいます。が、その極みを過ぎると、今度は、夕暮れに向かい、降りていきます。そして、どんどん降りていき、やがて完全にその姿を地上から消し、暗闇になります。

しかし、それは、終わりではなく、永遠に続く、途中経過であり、沈んでいながらも、太陽は人知れず昇る準備をする方向へと向かっているのです。そして、人がまだ寝静まっているうちから先に動き、その輝くばかりのまぶしい姿を世に現します。しかし、また、その輝きもピークを迎えると、降りていき……。

これを永遠にくり返しているわけです。

そして、昇ったときは素晴らしく、降りたのなら素晴らしくないということはなく、どのときも場面も状態も、絶対になくてはならないものであったということです！

太陽が太陽として、存在するためにはね。

こうして限りなく、くり返し、同じことを淡々としながらも、けなげに自分の存在をまっとうしている太陽に、わたしたち人間は生き方のなんたるかを学ぶ必要があったのです。

太陽は、その姿を通して、わたしたちにもっとも尊いことを教えてくれています。それは、太陽という時を刻むもの、つまり、時についていき、適ったことをすることこそが、価値ある生き方となるんだよと。そして、この人生、何があろうと、どんなときも場面もすばらしいものであり、生きていく上で必要な途中経過であったにすぎないのだよ。未熟で、未完成な自分だからこそできる素晴らしい経験があるだけなんだよ、この人生は！と。

さて、ここで、わたしのお気に入りの作者不詳のあるお話をお伝えしましょう。

ある日、虫や動物や草木など大自然の生き物たちが仲良く集まって、話をしていました。そんな中で、あるものが、こんなことを言い出しました。

「ねぇ、みんな、人生って、どんなものだと思う？」

あるものは、こう言いました。

「毎日、歌って、踊って、楽しいものさ」

しかし、あるものは、こう言いました。

「食べて寝るだけの退屈なものさ」

また、あるものは、こう言いました。

「いいや、昨日も、今日も、そして明日と、くり返し同じことをしているだけのつまらないものさ！」

そのとき、太陽が姿を現しました。そして、あるものが太陽にこう聞いたのです。

「太陽さん、あなたは人生って、どんなものだと思う？　わたしたちの誰が正しいと思う？　話を聞いていたでしょ？　ねぇ、どう思う？」

すると、太陽は、誇らしく輝いて、こう言ったのです。


「人生とは、今日という新しい一日を精いっぱい生きることとさ！」


そのとき、地上が明るく、まぶしくキラキラと照らされました。そして、みんな、それが正解だというかのように、満面の笑みでうなずいたのです。

実際、いまが自分にとってどんな状態の人生であれ、わたしたち人間にとっては、それ以外、大切な生き方は、ないのかもしれません。

感謝をこめた「あとがき」

〝もはや、逆境もどん底も、怖くない！〟天は、何度でも、あなたを助ける!!

…天に素直に心をあずけると、創造主の愛が、心に、人生に満ちていく

本を書くとき、いつもわたしは「本当に、この内容でいいか」「このことを伝えていいか」「これを自分の子どもたちが読んでもいいか」「自分の子に役立つものになっているか」と、そんなことを考えて書き上げています。

それは、この世で最も愛するわが子にも役立つようにと心を込めて書いたものなら、子どもたちにスーッと通じるならば、きっと、他の人にも、その心からのものは通じるはずだと思うからです。

だいたい、子どもというのは親のいうことを聞きたがらないものです。うるさいと感じるものです。

しかし、親が懸命に生きている姿を見せ、ここぞというときに真実の言葉を発するならば、しっかり聞き入れ、自分や人生を立て直す智慧にしてくれるものです。

ちなみに、親が子にもの申すとき、叱《しか》るのでも、怒るのでも、ありません。心から、慈愛を持って話すことで、通じます。決して、自分の思い通りにしたいと、いやな感情をぶちまけることではありません。そんなことをするから、子が親の言うことを聞こうとしなくなるのです。

さて、天は、家庭にとっては親です。お父さんとお母さんのいる家庭では、天は父、地は母で、天地和合することで、家庭は円満になります。

お母さんだけの家庭は、お母さんが、その天と地の両方の役割を担うことになります。そうなると、それだからこそ、世のシングルマザーの方は、本当に偉いなぁと思わずにはいられません。

本来、父・母、二人で育むべき子どもを、自分ひとりで育むのですからねぇ。苦労も2倍になるのですから。その分、育て上げたよろこびも、そのあとの恩恵も、2倍に、いや、それ以上のものになるわけですが。

だから、シングルマザーのお子さんたちは、お母さんを誇りにしてくださいね。うちの母は、ひとりでわたしたちを育ててくれたなんて、すごい！とね。

以前、セッションにやってきたある若い女の子が、「うちは両親そろってないから、はずかしい」などと言いだしましたが、「いや、そうではないよ」と、前述のようなことを話したら、わんわん泣いていました。

本当は、お母さんの苦労をそばでみて、お母さんがどれほど必死で生きているのか、一番よく知っていたのですからね。だとしたら、素直に感謝したらいいだけなんですよ。「お母さん、いつもありがとう」と。

よその家庭と比べる必要は何もなかったのだと。こんなに誇れるお母さんがいるのだから！

さて、家庭での天は、主となる親です。その人が考え方をまちがえると、家庭は滅びます。国の場合は、国のトップが考え方をまちがえると、国が滅び、民が苦しむことになるのです。

ちなみに、混乱し、乱れる世の中には、小人《しょうじん》がはびこるといいます。小人とは、魑《ち》魅魍魎《みもうりょう》とした偽物。

偽物が多く世にはびこると、本物の意見が通りにくくなります。偽物の勢力はそれほど悪どく強烈なので、本物が正しいことを言える場を奪われるからです。

そのとき、本物に対して、「帝王学」＝易経は、こう言っています。

「逃げよ」と。偽物が勢力を持っているときは、へたに出ていかず、「こんなときは、うまく逃げよ」。つまり、〝身をひそめるしかないぞ〟と。なぜなら、潰されてしまうからです。

そうならないよう、逃げるのです。

そして、「時がくるまで、静観せよ」と、時がきたならば、大いに前に、世に出て、正しいことをひろめなさい!!と。

さて、では、いったい、その正しいこととは何なのか？

それは、天にあるものを、自分も持つということです！　天にあるのは、素直、正直、真実、愛、慈悲です！

それが、〝人を、世を、正すもの〟となるのです。

ちなみに、小人である偽物が持っているのは、正直ではないもの、嘘偽り、ごまかし、操作、害悪です。

この世の中にはびこる害悪から見を守るためには、自分が正しい智慧をつけることが必要不可欠です。天の智慧は、安泰に導く妙薬となるからです！


さて、さて、今回の本は、「帝王学」＝易経というものをもとに書いただけに、どちらかというと、「素早く結果を出す！」というようなものではないかもしれません。

しかし、あなた自身の生き方や人生に、「確実に良い結果が出る」ものになるのではないかと、感じております！

というのも、そこにある教えは、天の摂理であり人の心を、生き方を優しく貞し、ごくごく自然に良い方向に導く働きを持っている本物の教えだからです！

今回、この本を手にとり、読んでくださった、ファンや読者の皆様、本当にありがとうございます。こうして、顔も知らない人たちと、本を通して、今世出逢うことができましたこと、本当にうれしく、ありがたく、心より感謝しております。

また、今回、わたしが以前より大切にしてきた「帝王学」＝易経のテーマに、耳をかたむけ、心を向けてくださり、「ぜひ、本にしましょう！」と、出版のチャンスをくださった、ビジネス社社長唐津隆さまに、心より感謝いたします。ありがとうございます。

作家は、ひとりで本を世に出すことはできません。ひとりで書くことはできますが、それが世に出るには、「日の目を見る」には、それにみあった人との出逢いや出来事やチャンスや時代の流れを必要とします。

そして、わたしが、どん底の人生から復活し、こうして、作家デビュー20周年を迎えることができた中で、もっとも心に響くのは、「帝王学」＝易経の教えである〝明けない夜はない〟という言葉であり、天の摂理です。

天が、太陽が動き、時を巡らせている限り、誰の頭上にも、必ず、また、明るい光が降り注ぎ、まぶしく輝く素晴らしい運命がやってくるものです！

どうか、いまつらい人生の中にいる方は、より早く人生の春を迎えられますように！
そして、いまうまくいっている人は、どうかその調子よさをキープし、ますます発展成功し、素晴らしいご活躍を続けていけますように！

天は、いつでも、あなたを見守り、導き、愛しています。

2024年　1月

ミラクルハッピー　佳川《よしかわ》　奈未《なみ》

★☆　参考文献として　☆★

・『易経〈上〉』（岩波文庫）高田 眞治（翻訳）、後藤 基巳（翻訳）
・『易経〈下〉』（岩波文庫）高田 眞治（翻訳）、後藤 基巳（翻訳）
・『人生に生かす易経』（致知出版社）竹村亞希子　著
・『経営に生かす易経』（致知出版社）竹村亞希子　著
・『易経一日一言』（致知出版社）竹村亞希子　著
・『リーダーの易経』（角川SSC新書）竹村亞希子　著
・『易と人生哲学』（致知出版社）安岡正篤　著
・『少食開運・健康法秘伝』（東洋易学・運命学大系）（慧文社）
　水野 南北 著、日高 彪　解説
・『食は運命を左右する』―現代語訳『相法極意修身録』（たまいらぼ）
　水野 南北（著）、玉井 礼一郎（翻訳）、松原 日治
・『マーフィーの易占い』潜在意識と易の秘密（産業能率大学出版部）
　ジョセフ・マーフィー 著　しまず こういち編訳
・『運命を開く易経の知恵』（モラロジー研究所）渡部昇一・中山理　著
・『易学実践』（悠久書閣）中村文聡　著
・『易』（朝日新聞出版・朝日選書）本田濟 著
・『超☆幸福論』（ダイヤモンド社）舩井幸雄・佳川奈未　共著
・『人生の教訓』（青春出版社）佳川奈未　著
・『自分で運命調整する方法』（講談社）佳川奈未　著

参考資料協力
　佳川奈未プロデュース&主宰ホリスティックライフビジョンカレッジ
　『超☆運命学鑑定マスターコース』より資料提供
　『自分一代でお金持ちになる!ための龍神金脈風水術マスター』より資料提供

《佳川奈未　最新著作一覧》

★『宇宙は「現象」を通してあなたに語る』　ビジネス社
★『「神様」は、こうしてあなたを導いている！』　ビジネス社
★『「白蛇さま」が教えてくれた☆お金に恵まれる生き方』　ビジネス社
★『佳川奈未の霊界通信☆』　ビジネス社
★『あなたの願いがいきなり叶う☆「ヴォイドの法則」』　ビジネス社
★『「お金」は、スピードに乗ってやってくる！』　ビジネス社
★『人生が整う「ひとり時間」の過ごし方☆』　ビジネス社
★『自分の病気は自分で治す！』　ビジネス社
★『成功チャンネル』　マガジンハウス
★『幸運予告☆世界一ハッピーなこれが本当の惹き寄せの法則』　マガジンハウス
★『幸運Gift☆』☆作詞家&歌手デビューシングルCD付　マガジンハウス
★『恋愛革命』　PHP研究所
★『運命の人は探すのをやめると現れる』　PHP研究所
★『望みのすべてを必然的に惹き寄せる方法』　PHP研究所
★『船井幸雄と佳川奈未の超☆幸福論』　ダイヤモンド社
★『運のいい人がやっている気持ちの整理術』　講談社
★『怒るのをやめると奇跡が起こる♪』　講談社
★『ミラクルハッピー経営塾』　講談社
★『すべては目覚めた人からうまくいく』　講談社
★『ほとんど翌日　願いが叶う　シフトの法則』　青春出版社
★『ほとんど毎日　運が良くなる！勝負メシ』　青春出版社
★『お金持ちが持っている富の循環☆スピリチュアル・マネー』　青春出版社
★『「いいこと」ばかりが起こりだす　スピリチュアル・ゾーン』　青春出版社
★『「約束」された運命が動きだす　スピリチュアル・ミッション』　青春出版社
★『あなたの意のまま願いが叶うクォンタム・フィールド』　青春出版社
★『あなたの内なる神の声を聞く方法』　青春出版社
★『人生の教訓』　青春出版社
★『恋とお金と夢に効く!幸せな奇跡を起こす本』デビュー作☆　ゴマブックス

※佳川奈未のその他の著書、個人セッションや講座等は、公式サイトをご覧ください。
★佳川奈未公式☆奇跡が起こるホームページ
http://miracle-happy.com/

佳川 奈未（よしかわ　なみ）プロフィール
作家・作詞家。神戸生まれ、東京在住。株式会社クリエイティブエージェンシー 会長。
「心」と「体」と「魂」に優しい生き方を叶える！ 「ホリスティックライフビジョンカレッジ」主宰。

心の法則、大自然の法則、宇宙の法則をベースに、生き方・願望実現・お金・恋愛・成功・幸運をテーマにした単行本、文庫本、ムック、コミック原作本、電子書籍、PODブック、DVD付ブック、トークCDなど、その豊富な作品数は、約360点。(2024年1月現在)

海外でも多数翻訳出版されている。

アンドリュー・カーネギーやナポレオン・ヒルの「成功哲学」「人間影響心理学」、ジョセフ・マーフィー博士の「潜在意識理論」などを30年に渡り研鑽。また「易経」「運命学」などの研究も。それらの学びと実践から独自の成果法を確立させ、人々の理想のライフワーク実現のサポートに取り組んでいる。

執筆活動の他、ディナーショーや公演、講演、セミナー、トークショー、音楽ライブ、ラジオ出演、音声配信番組などでも活躍。エイベックスより「幸運Gift☆」で作詞と歌を担当し、作詞家&歌手デビューも果たす。(デビュー曲はエイベックス&マガジンハウス夢のコラボCD付Book『幸運Gift』として発売。JASRAC登録作詞家。

精神世界にも大いに精通。2009年には、高野山真言宗のお寺にて得度。大阿闍梨より、僧名：慈観（じかん）を拝受。レイキ・ヒーラー。エネルギーワーカー・チャネラー。ホリスティック・レイキ・マスターティーチャー。

慈善事業にも理解を示し、国内・海外問わず、印税の一部を価値ある団体に寄付し続けている。

また、主宰する「ホリスティックライフビジョンカレッジ」にて、個人セッション・電話de鑑定・各種講座を開催。

近著に、『「神様」は、こうしてあなたを導いている!』『「白蛇さま」が教えてくれた☆お金に恵まれる生き方』『佳川奈未の霊界通信☆』(以上、ビジネス社)、『あなたの意のまま願いが叶うクォンタム・フィールド』『お金持ちが持っている富の循環☆スピリチュアル・マネー』『人生の教訓』(以上、青春出版社)など、多数あり。

★佳川奈未公式オフィシャルサイト
『ミラクルハッピーなみちゃんの奇跡が起こるホームページ』
http://miracle-happy.com/

★佳川奈未　本とセレクトグッズの公式通販サイト
『ミラクルハッピー百貨店』HP
http://miraclehappy-store24.com/

★佳川奈未の個人セッション・各種講座が受けられる！
佳川奈未プロデュース&主宰☆心と体と魂に優しい生き方を叶える！
『ホリスティックライフビジョンカレッジ』HP
http://holistic-life-vision24.com/

★佳川奈未インスタグラム
https://www.instagram.com/yoshikawanami24/

★佳川奈未　公式オフィシャルブログ（アメブロ）
https://ameblo.jp/miracle-happy-ny24/

「帝王学」をみかたにつける超☆開運法

2024年1月10日　第1刷発行

著　者　佳川　奈未
発行者　唐津　隆
発行所　株式会社ビジネス社
〒162-0805　東京都新宿区矢来町114番地　神楽坂高橋ビル5F
電話　03-5227-1602　FAX 03-5227-1603
URL　https://www.business-sha.co.jp/

〈カバーデザイン〉大谷昌稔
〈本文DTP〉茂呂田　剛（エムアンドケイ）
〈印刷・製本〉モリモト印刷株式会社
〈編集担当〉本田朋子　〈営業担当〉山口健志

ISBN978-4-8284-2590-0